华风桂韵

——广西民族大学民族博物馆藏品撷珍概览

陈晓洁 编著

中国出版集团有限公司

世界图书出版公司
广州·上海·西安·北京

图书在版编目（CIP）数据

华风桂韵：广西民族大学民族博物馆藏品撷珍概览 / 陈晓洁编著. —广州：世界图书出版广东有限公司，2023.12
ISBN 978-7-5232-0948-6

Ⅰ. ①华… Ⅱ. ①陈… Ⅲ. ①广西民族大学—博物馆—民族历史—历史文物—图录 Ⅳ. ①K874-64

中国国家版本馆CIP数据核字（2023）第229098号

书　　名	华风桂韵——广西民族大学民族博物馆藏品撷珍概览 HUA FENG GUI YUN——GUANGXI MINZU DAXUE MINZU BOWUGUAN CANGPIN XIEZHEN GAILAN
编 著 者	陈晓洁
责任编辑	刘　旭
责任技编	刘上锦
装帧设计	书窗设计
出版发行	世界图书出版有限公司　世界图书出版广东有限公司
地　　址	广州市海珠区新港西路大江冲25号
邮　　编	510300
电　　话	（020）84460408
网　　址	http://www.gdst.com.cn/
邮　　箱	wpc_gdst@163.com
经　　销	新华书店
印　　刷	广州今人彩色印刷有限公司
开　　本	787 mm×1092 mm　1/16
印　　张	11
字　　数	181千字
版　　次	2023年12月第1版　2023年12月第1次印刷
国际书号	ISBN 978-7-5232-0948-6
定　　价	138.00元

版权所有　翻印必究
（如有印装错误，请与出版社联系）
咨询、投稿：（020）84460408　451765832@qq.com

作者简介

陈晓洁，广西民族大学民族学与社会学学院教师，助理研究员。研究方向为民族学和博物馆学，参与2项国家社会科学基金项目、1项教育部人文社会科学研究专项任务项目研究，主持1项省部级和1项厅级科研项目，发表10多篇学术论文。

序　言

　　博物馆藏品是博物馆立足的根本要素，代表着一个国家与民族的丰富的文化遗产，记录着人类文明演化的进程与时代发展的遗迹，是古人勤劳与智慧的结晶，具有较高的研究与鉴赏价值，可为文化传承、社会学术研究、工艺制作以及美学鉴赏等提供重要参考。

　　广西是多民族聚居的地区，有壮、汉、瑶、苗、侗、仫佬、毛南、回、京、彝、水、仡佬12个世居民族和满、蒙古、朝鲜、白、藏等44个其他民族。作为多民族地区的一所院校，广西民族大学在71年的发展历程中，师生携手共进，时刻不忘民族团结事业，共同传承和弘扬优秀的民族文化，促进民族之间和谐共生，生活幸福安康。在半个多世纪的流金岁月里，一代又一代民大师生"器宇轩昂品亦高，跋山涉水不辞劳"，怀抱对民族文化的热爱之情，发扬时刻忘我的奉献精神，行走在广西、贵州以及云南等地的山水之间，先后征集了近千件民族文物，主要为广西世居民族文物，还有一些是布依、傈僳、高山等民族文物。在文物征集过程中，社会各界和广大校友发挥慷慨捐献"传家宝"精神，积极协助征集。20世纪90年代，在大家的鼎力支持下，我校创立了民族文物陈列室，2002年改为民族博物馆。目前，馆藏种类丰富，含有服饰、农具、工艺美术品、乐器、古籍、宗教器物、木构建筑模型，以及化石、钱币和纪念物等。这些已经成为学校独特的教育资源，校园文化的有力代表。

　　长期以来，我们围绕藏品开展形式多样的博物馆育人活动，如主题陈列展览、民族文化讲座、科普知识宣讲、非遗手工技艺体验以及中小学生研学实践教育等，彰显出高校博物馆的育人特色与潜力，颇受校内外参与者的欢迎。在高校的教学、社会科普教育、中小学素质教育等方面发挥了积极作用，展现出高校博物馆"育人为本"的宗旨。

　　人们常说："知来处，明去处。"博物馆承担了保存传统价值、传承历史文化的责任，为人们提供了审视传统、反省今天和启迪未来的一个平台。为了传承中华民

I

族优秀传统文化，编者在工作期间，通过查阅资料、专家访谈以及田野调查等方法考证并梳理了馆内藏品信息，并根据藏品的历史价值、艺术价值和科学价值，遴选出部分精品的图片并附上基本信息和相关知识，特此出版《华风桂韵——广西民族大学民族博物馆藏品撷珍概览》，回馈长期关注与支持广西民族大学民族博物馆事业以及热爱民族文化的朋友们。

感谢编者所在的广西民族大学民族学与社会学学院领导和老师们长期以来的指导和帮助，特别感谢学院给予的大力支持与资金资助，衷心感谢滕兰花教授给予我宝贵的经验和殷切关怀。在此，感谢广西民族大学民族博物馆的大学生志愿者们多次协助我开展藏品的拍摄工作，为本书的出版奠定了重要的基础。

由于作者水平有限以及一些藏品的来源信息缺乏，书中难免存在不足，敬请广大读者批评指正。

编 者
于广西民族大学相思湖畔
2023年5月1日

目　录

第一篇　历史文物 ········· 001
  一、化石 ········· 002
  二、铜器 ········· 003
  三、铁器 ········· 009
  四、纸质文物 ········· 010

第二篇　广西十二个世居民族精品 ········· 013
  一、壮族精品 ········· 014
  二、汉族精品 ········· 059
  三、瑶族精品 ········· 063
  四、苗族精品 ········· 088
  五、侗族精品 ········· 106
  六、仫佬族精品 ········· 121
  七、毛南族精品 ········· 130
  八、回族精品 ········· 133
  九、京族精品 ········· 135
  十、彝族精品 ········· 141
  十一、水族精品 ········· 143
  十二、仡佬族精品 ········· 146

第三篇　刻竹记事竹签 ········· 151
  一、瑶族刻竹记事竹签 ········· 152
  二、苗族刻竹记事竹签 ········· 154
  三、侗族刻竹记事竹签 ········· 155

第四篇　东南亚民族精品 ········· 159
  一、木器 ········· 160
  二、竹器 ········· 161
  三、藤器 ········· 161
  四、纺织品 ········· 162
  五、陶器 ········· 163
  六、银器 ········· 164

后　记 ········· 165

- ☑ 一、化石
- ☑ 二、铜器
- ☑ 三、铁器
- ☑ 四、纸质文物

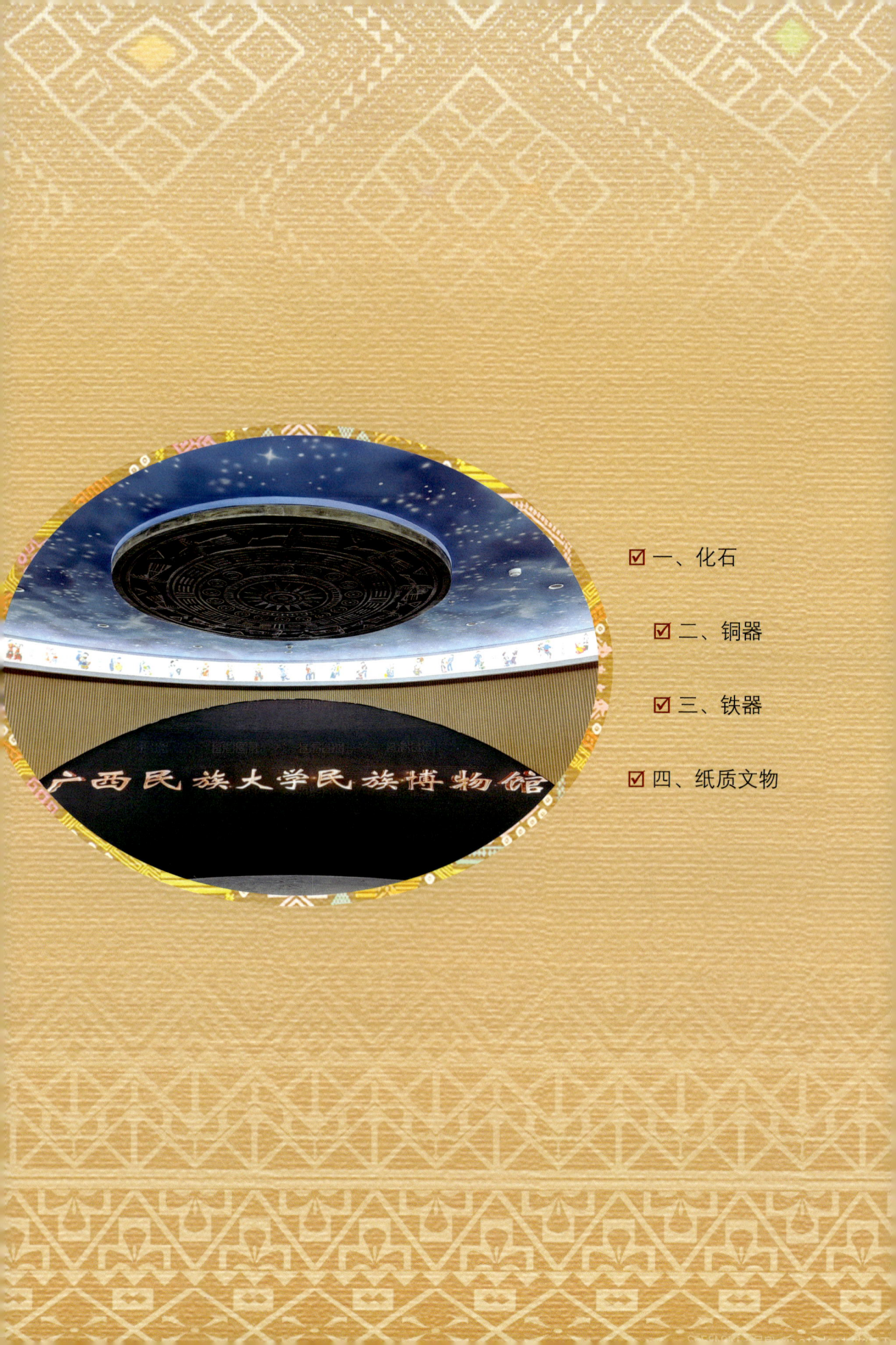

第一篇
历史文物

一、化石

象牙化石

化石，长19厘米，宽10厘米，高7厘米，重912克，这是剑齿象的臼齿化石，脊与脊之间填有白垩质。剑齿象是脊齿型真象最繁盛的一个属，在广西浦北、资源等地曾有发现。剑齿象四肢长且粗壮，象牙长达3米，主要生活在上新世晚期和更新世时期。

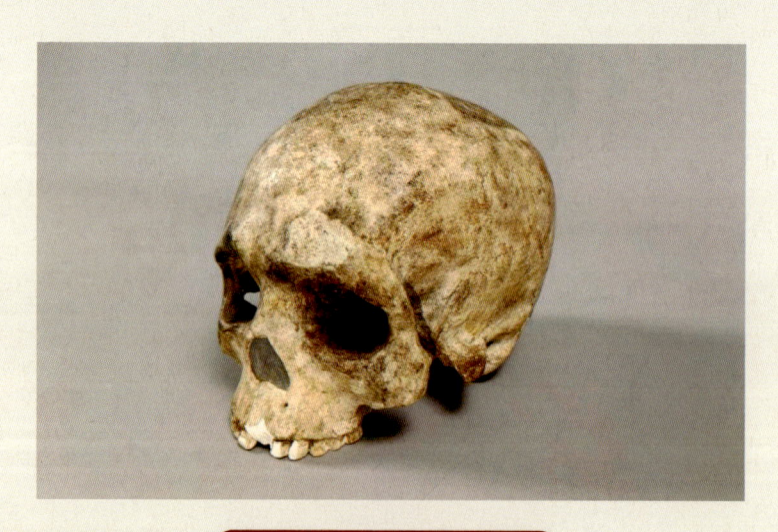

柳江人头骨化石（复制品）

这是按照1∶1比例复制的柳江人头骨化石，现代，长18.9厘米，宽14.2厘米。这具头骨属中头型，眉骨微隆起，前额膨隆，鼻短而宽，嘴部后缩，门齿舌面呈铲形，具有蒙古人种的主要特征。1958年，"柳江人头骨化石"在柳州市柳江区新兴农场被发掘，是迄今在中国华南地区发现保存最为完整的更新世晚期人类化石。目前，原化石被收藏在中国国家博物馆。

二、铜器

铜镜

礼器、日常用具，铜质，圆形，直径10厘米，厚0.7厘米，重295克。此镜背中间有钮，现已残缺，钮的外围有四圈相邻的环带，环带之外是一圈螭纹。此镜多见于春秋战国和秦汉时期。

兽面纹提梁铜卣（复制品）

盛酒器、礼器，兽面纹提梁铜卣的复制品，现代，口径宽17厘米，底径19厘米，通高40厘米。盖面、腹部饰兽面纹，盖缘、颈、圈足均饰夔纹，盖钮饰蝉纹，提梁饰夔纹和蝉纹，两端为牛头形，盖内有铭文。原物于1974年在南宁市武鸣区原马头公社勉岭发现，为商代晚期文物，现存放于广西壮族自治区博物馆。

兽面纹铜甬钟

乐器、礼器，铜质，呈椭圆形合瓦结构，通高46厘米，甬长14厘米，铣间23厘米，舞18厘米×15厘米。本品为直圆甬式，甬上有悬，钲侧有凸枚六组，每组各三枚。篆饰斜角云纹，钲饰三角纹，隧饰窃曲纹。背面有凸枚十八枚，每组三枚，共六组，无纹饰。铜钟是中国古代重要的铜质打击乐器之一，出现于商代，兴于西周，主要供奴隶主贵族用于祭祀或宴飨，象征着权力大小。

青铜簋

日常用具、礼器，长16厘米，宽10厘米，高7厘米，重463克。此件敞口、束腰、平底、圈足、两侧各有竖向龙形兽器耳。青铜簋为商周时期的盛食器，主要用来盛放黍、稷、稻、粱等食物，也是商周时重要的礼器，在宴飨和祭祀时，常常以偶数组合与奇数的列鼎配合使用。

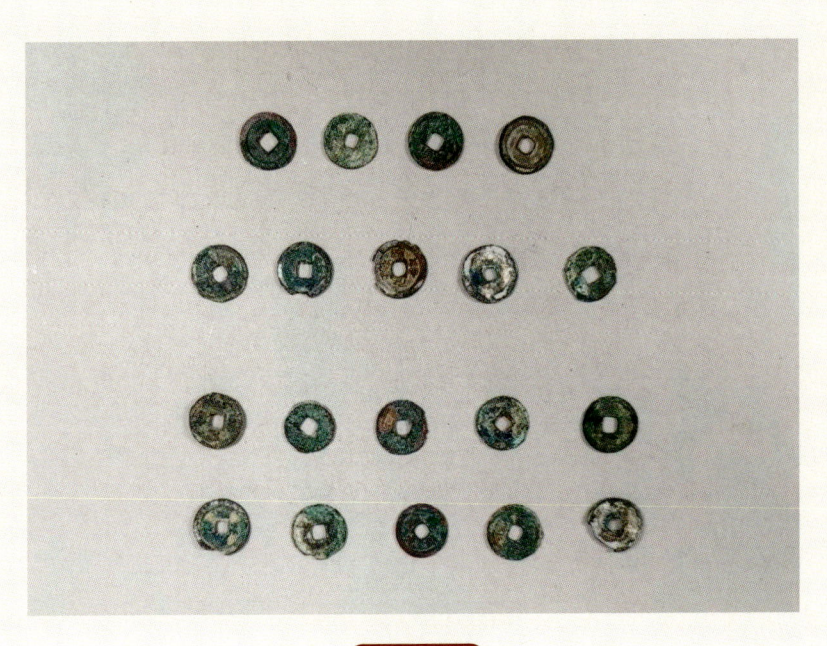

元符通宝

钱币，宋代，铜质，直径2.3厘米。本馆收藏的元符通宝共19枚，总计65克，部分钱币边缘残损。元符通宝是宋代著名古钱之一，铸于宋元符年间（1098—1100），有篆、楷、行三种字体，又有铜、铁两种材质。

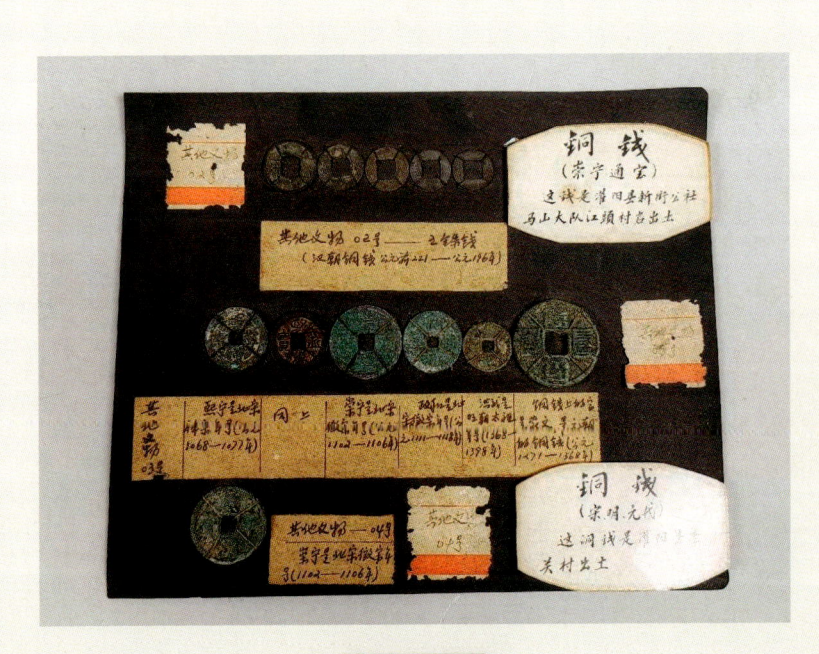

古铜币合辑

钱币，铜质。本组汇集了"汉代五铢钱"和数枚20世纪末在桂林市灌阳县出土的宋、元、明等时期的铜币，由灌阳县文化馆捐赠。

熙宁重宝（隶书）

钱币，宋代，铜质，直径3厘米，重7克。熙宁重宝是北宋时期宋神宗赵顼熙宁（1068—1077）年间铸造的钱币。熙宁重宝按大小可分为小平（比五角硬币略大）、折二（比一元硬币略大）、折三，其中折二、折三又分别有隶书、篆书之分，共五种。此币出土于梧州元丰监铸钱遗址。本品由原收藏者梁天佑于2013年5月24日捐赠给本馆。

元丰通宝（篆书）

钱币，宋代，铜质，直径3厘米，重7.8克。元丰通宝于宋神宗赵顼元丰（1078—1085）年间铸造，元丰通宝有小平、折二钱和铁钱。书体有篆书、行书、隶书三种，互成对钱。本品出土于梧州元丰监铸钱遗址。本品由原收藏者梁天佑于2013年5月24日捐赠给本馆。

钱纹铜鼓

乐器、礼器，铜质，鼓面径76厘米，高40厘米，足径72厘米。鼓面大于鼓胸，胸腰逐渐收束，腰足之际有凸棱，胸腰间有双穿孔扁耳2对，合范线2道。鼓面中心太阳纹8芒，上有6只三足蛙（其中有1只已损），蛙背和臀部饰圆涡纹，逆时针环列。装饰花纹以二弦分晕，鼓面和鼓身各有三道较宽的主晕，以鹭鸟纹、兽形纹为主，其它晕圈饰席纹、"四出"钱纹、四瓣花纹等，底部一圈崩缺。该鼓属灵山型铜鼓，是以广西壮族自治区灵山县出土的铜鼓为代表而得名，出现于东汉末期至唐代，主要流行于两广地区。

游旗纹铜鼓

乐器、礼器，铜质，鼓面径54厘米，高27厘米，足径52厘米。鼓面略出鼓颈外，胸径大于面径，腰部起凸棱，辫纹扁耳2对（已缺失1只），合范线4道。鼓面中心饰有12芒太阳纹，芒间心形纹，单弦分晕，主晕饰游旗纹，其余饰"酉"字纹、"S"形云纹、栉纹、乳钉、兽形云纹等。鼓身凸棱以上饰乳钉、回形雷纹、如意云纹、栉纹等；凸棱以下饰回形雷纹、如意云纹、三角形纹。该鼓属麻江型鼓，出现于南宋初年至清代晚期。

"道光六年"铭双龙团寿纹铜鼓

乐器、礼器，清代，铜质，鼓面径48厘米，高28厘米，足径47厘米。鼓面略出鼓颈外，胸腰逐渐收束，胸、腰、足间无分界线，辫纹扁耳2对，合范线2道。该鼓属麻江型鼓，鼓面中心太阳纹12芒，芒间心形纹，芒尖穿至第二晕，一、二弦分晕，共10晕，主晕饰"道光六年建立""万代进宝""永世家财"铭文、符箓纹、双龙团寿纹，其余饰"酉"字形纹、乳钉、云纹等。鼓身饰兽形云纹、回形雷纹、三角纹。

云雷纹铜鼓

乐器、礼器，铜质，鼓面径78厘米，高48厘米，足径76厘米。本品形体厚重硕大，鼓面大于鼓胸，胸腰处向内收束，有凸棱，残存环耳2只，合范线2道。鼓面中心太阳纹8芒，三弦分晕，共5晕，饰有4只立蛙，顺时针环列。鼓面遍饰云纹，鼓身饰填线雷纹。该鼓属北流型铜鼓，流行时期为西汉至唐代。

变形羽人纹铜鼓

乐器、礼器，铜质，鼓面径72厘米，高55厘米，足径74厘米。该鼓体型高大轻薄，鼓面略向颈外伸展，胸径略大于面径，上腰内收成筒形，腰足有凸棱分界，足部较高，且有部分残缺。腰间有2对辫纹扁耳以及1对环耳，合范线2道。鼓面中心太阳纹12芒，芒间为翎眼纹。鼓面一、二弦分晕，主晕饰变形羽人纹等。边沿立单蛙6只（已缺失2只），逆时针环列，蛙眼圆鼓，嘴尖略下倾，装饰华丽，双臀、背侧和头部扁圆均饰绳索纹带。鼓面和鼓身纹饰非常丰富，鼓面有变形羽人纹、变形翔鹭纹、席纹、眼纹、圆圈纹等；鼓身有变形羽人纹、变形船纹、席纹、羽状纹、圆心垂叶纹、圆圈纹等。该鼓属于冷水冲型铜鼓，主要流行时代为东汉至北宋时期。

三、铁器

铁牛

铁器，长22厘米，宽5厘米，高4.5厘米，重205克。铁牛头部与背部几乎在一条直线上，头上角弯曲，前腿缺损。从考古发现来看，广西牛文化源远流长，早在商周时期的青铜器上就有与牛有关的纹饰。贵港西汉后期墓葬开始出现随葬陶制牛俑，特别是东汉墓，陶牛为常见的随葬品。东汉到南北朝时，广西出土的冷水冲型铜鼓上出现牛的塑像。在中国唐、宋、元时期的墓葬中都曾出土铁牛器物。

四、纸质文物

《六合坚固大宅颂》碑拓片

摩崖石刻拓片。本品是唐代《澄州无虞县清泰乡都万里六合坚固大宅颂一首诗一篇并序》（简称《大宅颂》）碑的拓片，原碑位于上林县澄泰乡洋渡村麒麟山石牛洞中，于唐永淳元年（682）刻成，是迄今发现最早的古代壮族地区的摩崖石刻，被誉为"岭南第一唐碑"。碑高95厘米，宽64厘米。全文包括序、四言颂诗二首和五言诗一首，共17行，381字，楷书。碑上文字上承南北朝文字之粗放简朴，下现盛唐文字之绚丽。碑文叙述了韦氏家族修建大宅的缘由，并称颂大宅的坚固，对于当时社会政治、经济、文化生活等方面做了较为具体的描述，对研究壮族历史、文化具有重要意义。

《智城碑》拓片

摩崖石刻拓片。原碑高164厘米，宽78厘米。《智城碑》为武周时期智城城址的一部分，位于上林县白圩镇覃排乡爱长村智城山，刻于武周时期万岁通天二年（697）。碑文从右到左竖刻，真书，24行，字径1.5厘米，首行42字，末行32字，其余每行47字，正式行文为1108字。该碑是廖州大首领左玉钤卫金谷府长上左果毅都尉员外置上骑都尉检校廖州刺史韦敬辨所撰文一首并序。碑文盛赞智城山及其一带风光形胜，颂扬检校廖州刺史韦敬辨的文治武功，对研究唐代的壮族发展与交流史以及文学史有着深远的意义。

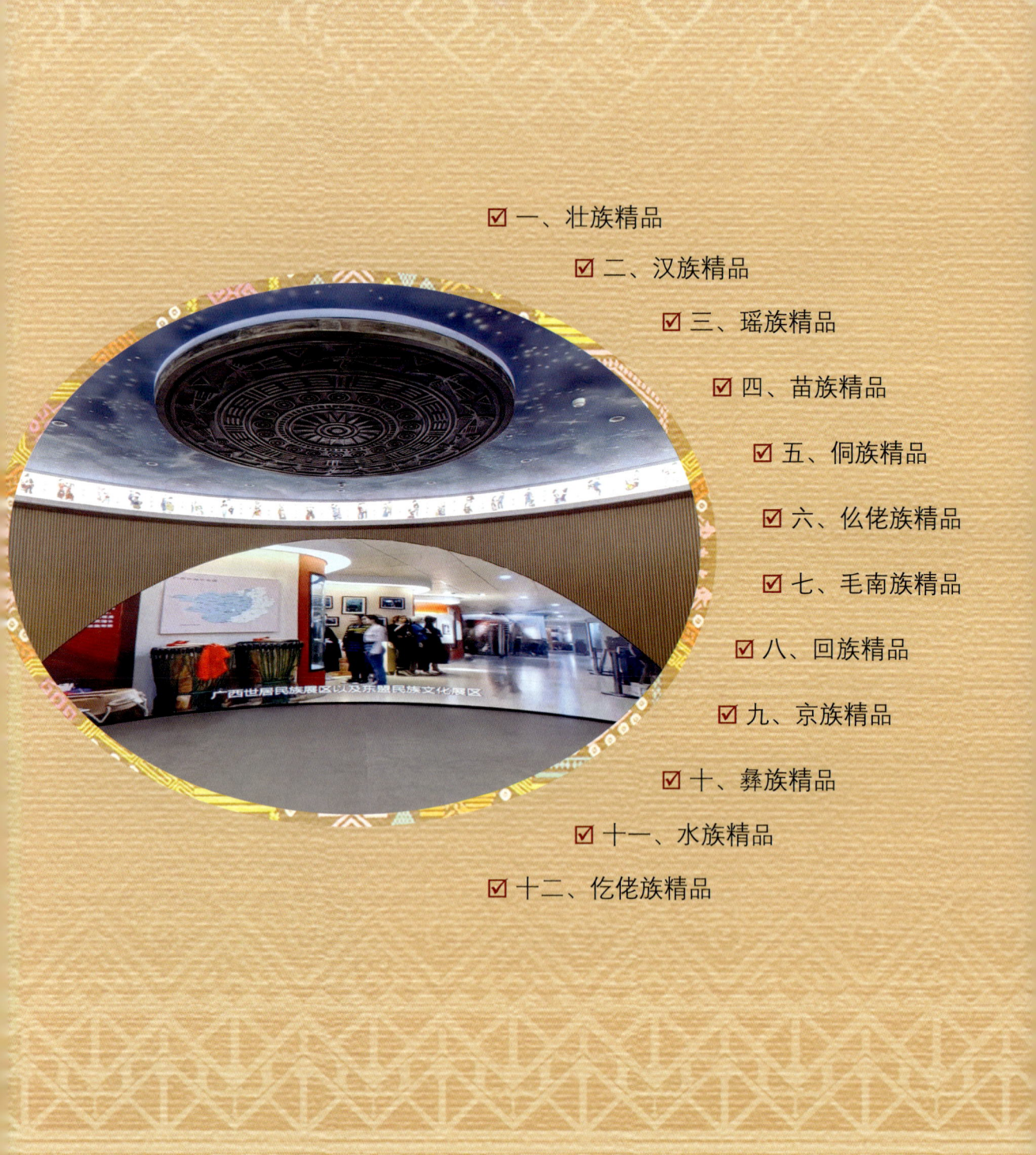

- 一、壮族精品
- 二、汉族精品
- 三、瑶族精品
- 四、苗族精品
- 五、侗族精品
- 六、仫佬族精品
- 七、毛南族精品
- 八、回族精品
- 九、京族精品
- 十、彝族精品
- 十一、水族精品
- 十二、仡佬族精品

第二篇
广西十二个世居民族精品

一、壮族精品

壮族女服

　　服饰，棉质。本品为龙胜各族自治县瓢里镇思陇村壮族女性传统服饰，主要由白底浅花的棉头帕、蓝色立领右衽上衣（领口和袖口均绣花）、刺绣围裙和深黑阔腿长裤构成，朴素而典雅。本品由思陇村的壮族村民范秀丽制作。

壮族女服

　　服饰，棉质。本品为壮族女性服饰，是采用自织、自染的青黑色土布制成。上衣短紧，下裙宽长过膝，其头帕是一条由蓝白相间的花锦头巾。本品由自治区级非物质文化遗产代表性项目大新宝圩壮族服饰制作技艺区级代表性传承人农廷兴制作。

华风桂韵——广西民族大学民族博物馆藏品撷珍概览

壮族男服

　　服饰，棉质。这款壮族男服的上衣为黑色立领对襟款式，下身为黑色阔腿长裤，肩部、袖口、门襟和裤脚均有橙红色刺绣。该服装布料由制作人自纺、自织而成，然后用植物染料染色，有"冬暖夏凉，耐磨经穿"的特点。本品由自治区级非物质文化遗产代表性项目大新宝圩壮族服饰制作技艺区级代表性传承人农廷兴制作。

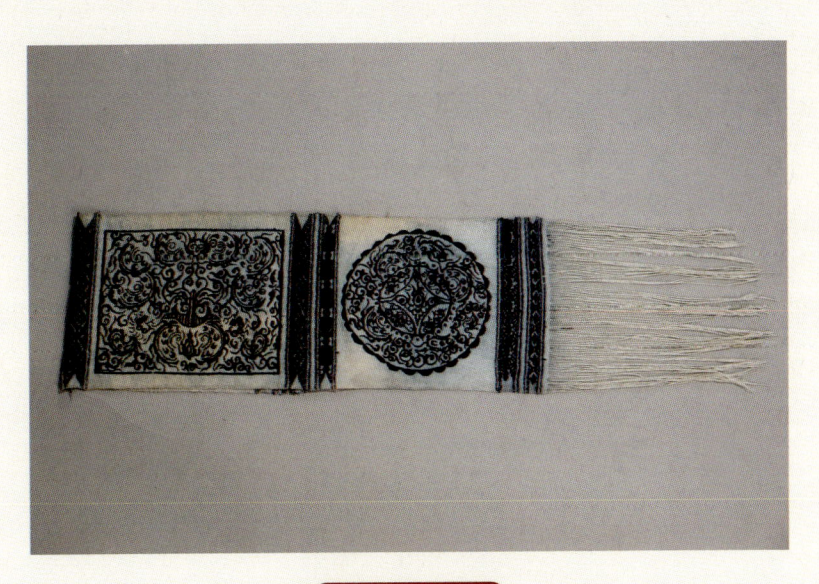

壮族素锦头巾

服饰，棉质，长条形，长120厘米，宽18厘米。以白线为经，深蓝色线为纬，手工织造。头巾上图案由方形和圆形图块构成，上有龙凤纹、"卍"字纹等，两端有白色流苏。一般来说，在过去的壮族农村，妇女普遍包裹素锦头巾。此外，以棉纱为经，丝绒线为纬编织的壮族彩锦更多，色彩艳丽。

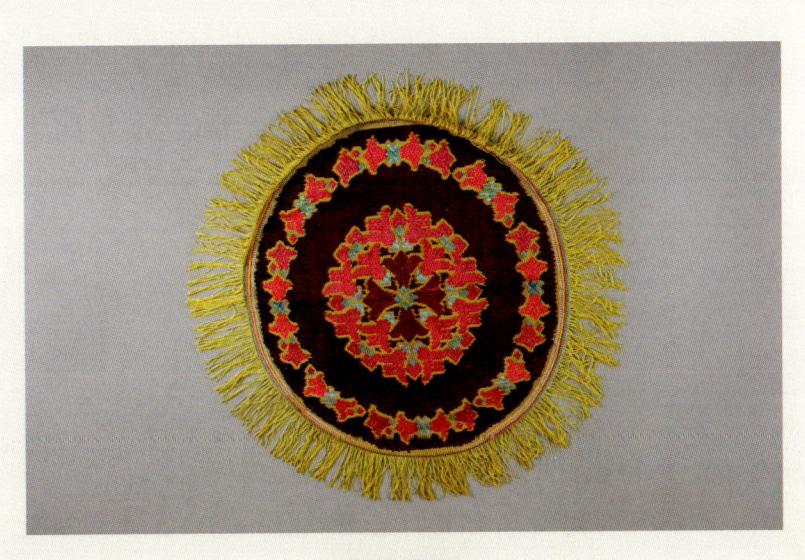

壮族织锦

传统工艺品，丝、棉质，为壮族彩锦，圆形，直径40厘米，锦上为同心连成圈的燕纹，外围饰有金黄色流苏，似太阳状。壮族民间织锦品类主要有被面、床毯、背带、挂包、台布、围裙、头巾、衣服边角饰等。2006年5月20日，壮族织锦技艺经国务院批准，被列入第一批国家级非物质文化遗产名录。本品征集地点是宾阳县。

靖西壮族小方格头巾

服饰，棉质，白底，黑线小方格图案，两端有流苏。宋代周去非在《岭外代答》中提到："邕州左、右江峒蛮，有织白𿟱，白质方纹，广幅大缕，似中都之线罗，而佳丽厚重，诚南方之上服也。"所谓"白质方纹"就是指当时单色调，方格规矩纹织锦。本品由本校教师从靖西市百货公司购得。

"卍"字水波纹壮锦围巾

服饰，丝、棉质，主体是紫色"卍"字水波纹，这是忻城壮锦传统图样之一，围巾两端有黄色流苏。20世纪40年代，宾阳汉家女子到忻城学习织锦技艺，到了50年代，壮锦生产集体化，忻城、宾阳、融水等县成立了生产合作社。本品从宾阳解放工艺社征购。

"卍"字夹花纹壮锦被面

  床上用品，丝、棉质，粉色底，饰有多种花朵纹和"卍"字纹，边缘有流苏。壮锦常见的艺术字纹样有寿字纹、囍字纹、"卍"字纹、回字纹、井字纹、田字纹、王字纹、山字纹等，其中"卍"字纹被高频率使用，这是因为在中国传统文化中，"卍"字纹有"富贵万年"和"吉祥万福"之意。本品从宾阳县锦新第二工艺社征购。

回字菊花纹壮锦被面

  床上用品，丝、棉质，红底，饰有回字纹和菊花纹等图案。菊花又被称为"长寿花"，寓意吉祥。本品征集地点是靖西市。

壮族绣球

　　传统工艺品，四个，丝、棉质，圆形，单个直径7.5厘米。本品用红、橙、黄、绿等各色绸布制成，每个12瓣，象征一年四季12个月，每瓣皆绣上各式吉祥的图案，有蝴蝶、荷花、梅花等。每个球心系一根提绳绣球。过去，每年"三月三"之时，壮族青年男女以绣球传情。目前，抛绣球是"三月三"节日里一项重要的体育活动。

壮族麽乜

　　传统工艺品，现代，棉质，一对两个，长8厘米，宽7厘米，高12厘米。"麽乜"（壮语译音，即神祖的意思）原造型是勇士伸开四肢拥抱龙珠，寓意是守护太阳、拥抱希望。本品以金童玉女为形象，外面用棉布制作，用壮族刺绣加以点缀，内部有艾草、菖蒲、苍术等数种中药材，具有保健作用。每年端午节，当地人佩戴或赠送麽乜是传统习俗，以此寄托吉祥平安的祝福。本品征集地点是百色市右江区，由自治区级非物质文化遗产代表性项目右江壮族麽乜制作技艺区级代表性传承人黄桂珍制作。

现代渡河公"双娃抱瓜"摆件

传统工艺品，现代，棉、化纤质，长25厘米，宽16厘米，高19厘米。渡河公主要流行于广西上林县三里镇一带，当地端午节有佩戴和相互赠送渡河公的习俗，以及用渡河公祭祖祈福的活动。早期渡河公的模样是无脸、黑头、无辫、四肢抱南瓜的形象。本品是改良后的渡河公摆件造型，展示的是两个身着壮族服饰的娃娃抱瓜形象，较以前更生动和形象。本品于2017年被本馆收藏，征集地点是上林县三里镇。

双蝶双寿字银扁簪

首饰，银质，长11厘米，重15克。扁簪，也称扁方，其形如一尺，可用于固定女子发髻。本品采用模压技法制成，扁长，两头宽且呈弧状，中间窄，两端上面有"寿"字和蝴蝶图案，寓意"福寿安康"。

刻花扣

衣服配饰,铁皮镀银,一组两颗,圆球形,空心,单颗直径1.2厘米,重2克。每颗都有六面刻花,作为上衣扣使用,起装饰作用。

壮族缠丝银项圈

首饰,银质,环形,直径15厘米,重50克。接头处两侧各有一段约2厘米长的缠丝。项圈是壮族女性的传统饰品。

蝴蝶裙链头

衣服配饰，铁皮镀银，一对两个，蝴蝶形状，长3厘米，宽1.5厘米，重2克。壮族妇女围裙吊链的链头，起装饰作用。

宝剑耳坠

首饰，银质，一对两只，直径5.2厘米，长9厘米，重37克。耳环下有圆锥形吊坠，形似宝剑剑柄，珠上有乳钉凸起。

花耳环

首饰，银质，一对两只，环形，直径2厘米，重6克，戒面压有花纹。

扭丝银手镯

首饰，银质，环形，直径5.8厘米，重16克。双股扭丝造型手镯是壮族女性首饰传统款式之一。

模压梅花银手镯

首饰，银质，环形，直径6.5厘米，高1厘米，重22克。手镯面略外凸，上有梅花纹、菱形纹等，开口为推拉式。

模压平板花银手镯

首饰，银质，环形，直径6厘米，高0.9厘米，重20克。扁梗开口造型，手镯上面有6簇团状立体花球。

烧蓝脚镯

  首饰,银质,一对两只,环形,空心,直径8厘米,高1.1厘米,重57克。每只镯面有烧蓝工艺的花纹,并饰有15颗乳钉。妇女用来佩戴在脚踝处。

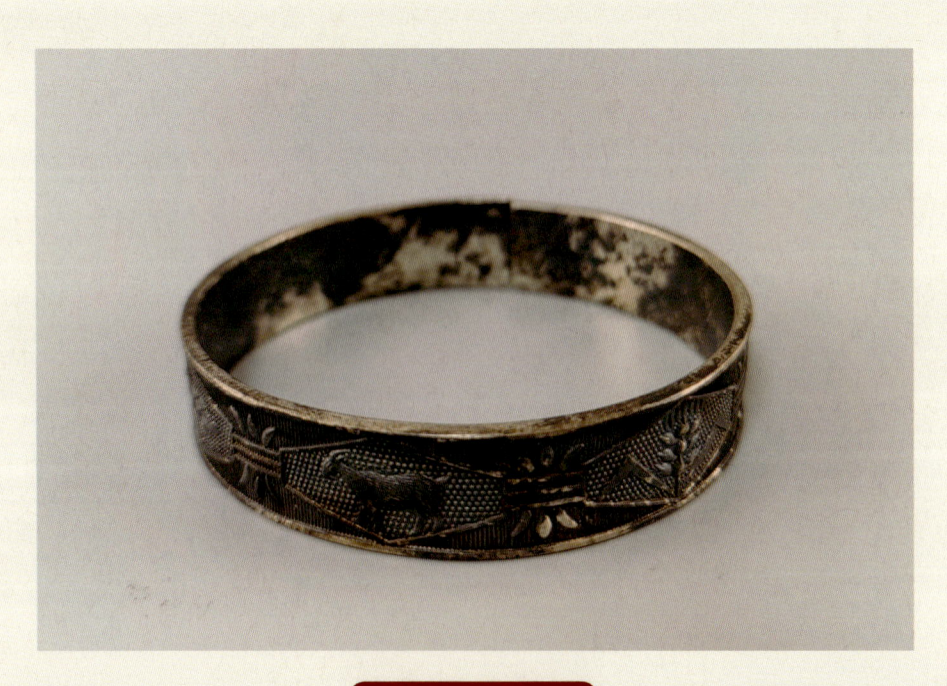

模压动物纹银扁镯

  首饰,银质,环形,直径6.5厘米,高1.2厘米,重37克。本品为模压制造,镯面印有羊、公鸡和花草等图案。

烧蓝银戒指

　　首饰，银质，环形，直径2厘米，重3克。戒指面为长方形，采用烧蓝工艺，中间有折线纹，设计简约大气。

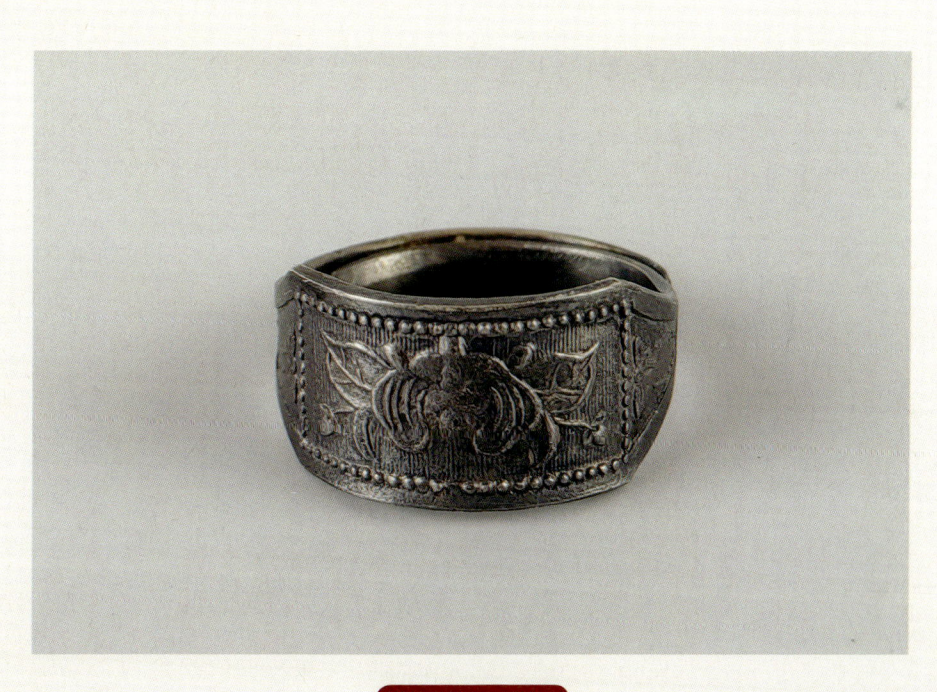

模压乳钉戒指

　　首饰，银质，环形，直径2厘米，重4克。此枚戒指采用传统模压制成，戒面有花卉纹，四周有乳钉点缀，戒肩向两边收窄。

长银针

工具，银质，长10厘米，重9克。这枚银针通体光滑，粗的一端有环。通常，人们运用熔铸、拉伸、切割和抛光等工艺制作银针。银针可用于缝纫，在我国一些地区，人们会用长银针穿刺皮肤进行放血治疗。

多功能银吊链

工具，银质，长32厘米，重29克。吊有牙签、小刀和耳勺等，中间系扣的圆片上刻有"民族团结"四个字。

陶筷子筒

生活用具，陶质，口径13厘米，底径7.5厘米，高14厘米。口大，底小，腹中部略向外弯折，折棱下向里收束，用于盛放筷子。本品由滕兰花教授从南宁市三塘镇创新村古琅坡征集。

陶水罐

生活用具，陶质，口径9厘米，腹径22厘米，底径16厘米，高22厘米。本品口小，腹壁向外作弧形凸出，肩两侧有环形把手，侧面有一短壶嘴。陶水罐用于日常生活中运水和储水。本品由滕兰花教授从南宁市三塘镇创新村古琅坡征集。

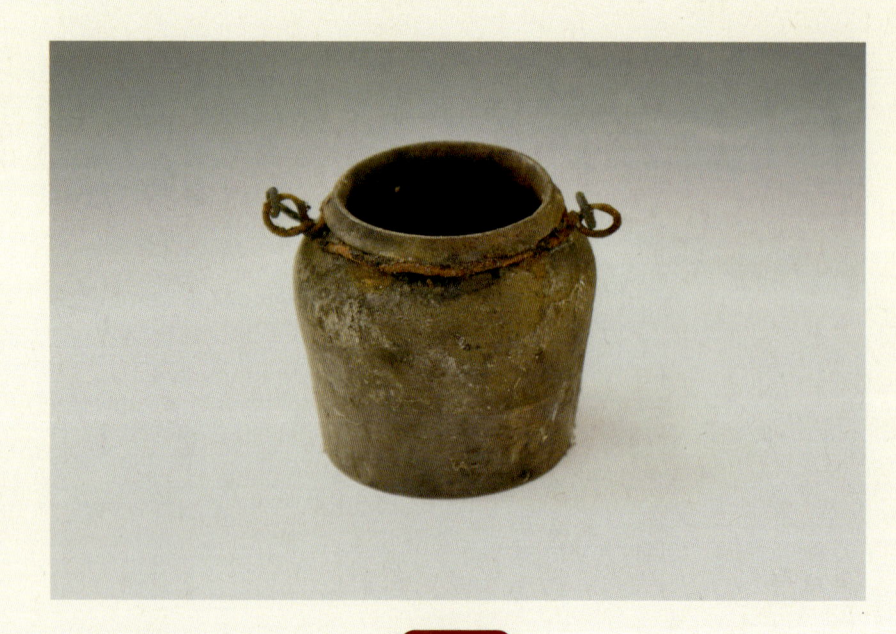

陶油罐

　　生活用具，陶质，口径8厘米，底径9厘米，高10厘米。本品近似圆柱形罐体，广口，腹部略向外凸，用于储存油脂。本品由滕兰花教授从南宁市三塘镇创新村古琅坡征集。

手工榨粉器

　　工具，榨粉器，木、铁质，直径12厘米，高14厘米。主体圆筒状，连接长柄，筒内有用以压制米粉的圆形部件。榨粉器为壮族手工榨粉的工具，用来制作米粉，其作用是将加工好的米粉团放入榨粉器中准备榨取，再用榨粉器将挤压出的粉条注入沸水中，煮至粉条先沉底后浮起，捞起即可制成米粉。本品由滕兰花教授从南宁市三塘镇创新村古琅坡征集。

壮族竹饭筒

日常用具，带盖，竹质，直径10厘米，高18厘米。用来装米饭或菜等食物，方便携带和保存食物。本品征集地点是大新县下雷镇下雷村。

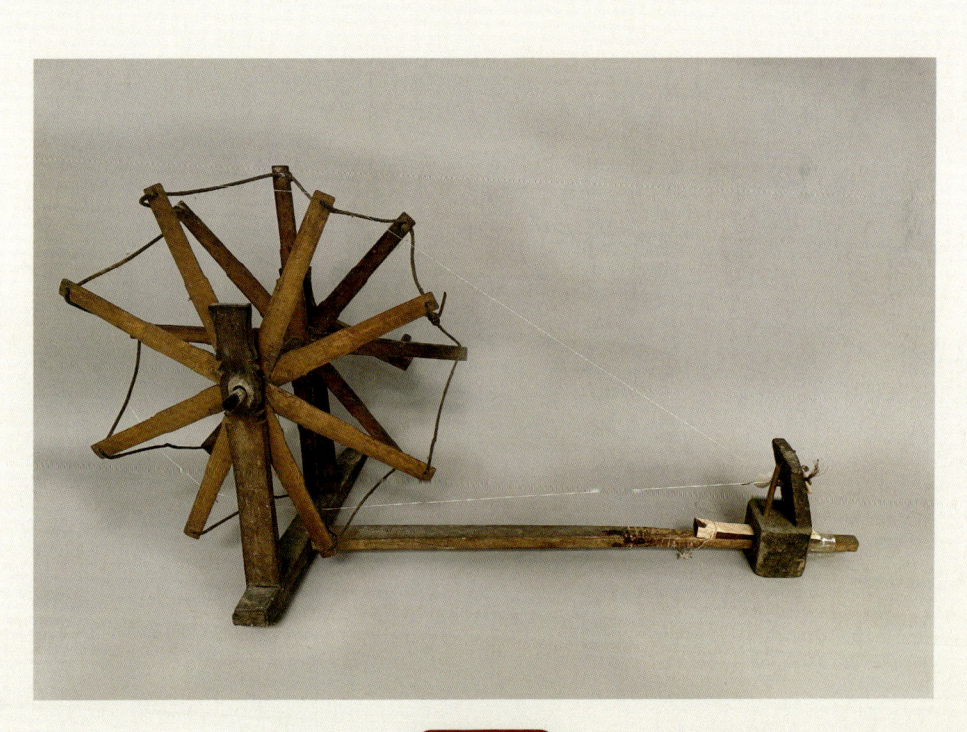

壮族纺车

农具，木质，长110厘米，高60厘米，宽32厘米，纺车可将棉花拧成织布用的线。本品征集地点是大新县宝圩乡板价屯，原收藏者为农廷兴。

壮族轧花机

农具，木、铜质，长71厘米，宽36厘米，高33厘米。轧花机是一种去除棉籽的传统农业工具，古称"搅车"。本品主体为一支架，架上横置一对轧辊，工作时左手将棉花送入轧辊间，右手转动曲柄，与曲柄相连的轧辊随之转动，依靠轧辊相向转动去除棉籽。本品征集地点是大新县宝圩乡板价屯，原收藏者为农廷兴。

壮族竹箕

农具，竹质，长23厘米，宽11厘米，高10厘米。用于储物，配合纺车使用，放棉花条或储存其他小物品。本品征集地点是大新县宝圩乡板价屯，原收藏者为农廷兴。

龙州壮族织锦机

农具，木质，长93厘米，宽79厘米，高140厘米。本品是流行于崇左龙州一带的壮族织锦机，是在竹笼机的基础上把花笼简化，调整了分综装置和提花装置，壮族织锦机的机架结构、织造原理与竹笼机基本一致。龙州织锦机的体积与织造面积相对竹笼机较小，但装卸和织造效率较高。本品征集地点是龙州县金龙镇板池屯。

壮族葵蓑

雨具，即用葵叶制成的蓑衣，纤维质。长65厘米，宽45厘米。蒲葵是做蓑衣的上好原料，其叶似棕榈，呈扇状，在蒲葵上涂上油脂，即是葵蓑，披在身上防雨效果佳。

壮族竹笠

雨具、防晒用具，竹、纸质，一组两个，单个直径45厘米，这是一种用竹丝或竹篾编制而成的帽状雨具。竹笠是用毛竹劈成细篾在笠模上编制成的上、下两片半成品，中间夹有箬叶和油纸，戴到头上，有遮阳以及防风雨作用。本品征集地点是龙州县龙州镇，收藏时间为2001年。

壮族笋壳草鞋

服饰，纤维质，长25厘米。草鞋是中国传统的劳动用鞋。无论男女老幼，凡下地干活、上山砍柴、伐木、采药、狩猎等，不分晴雨都可以穿草鞋。既利水，又透气、轻便、柔软、防滑，而且十分廉价，还有按摩保健作用。本品用笋壳叶编织而成，征集地点是大新县。

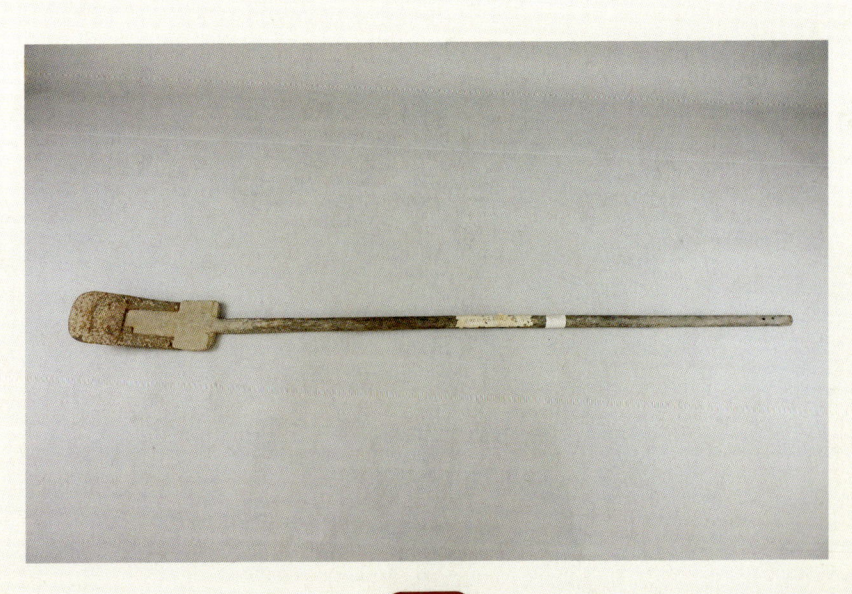

锄头

农具，铁、木质，长170厘米，铁头长35厘米，宽13厘米。锄头为铁头长木柄，刀身宽薄，略有弧度，用于耕地、除草和松土等，是农人最常用的工具之一。本品于2001年被本馆收藏，原收藏者为大新县下雷镇三湖村村民黄还盛。

壮族木踏犁

农具，木、铁质，犁头长35厘米，宽7厘米，横手柄宽42厘米，柄长60厘米。踏犁是从古代的耒耜衍化而来的翻土农具，其形状如长匙，汉代称"蹢铧"，唐代称"长镵"。踏犁之名始见于宋代的文献《岭外代答》。从古至今，有纯木质、铁头木身、纯铁等材质，在中国古代农业中发挥了一定作用。本品征集地点是大化瑶族自治县。

木耖

农具，木质，长140厘米，高80厘米。耖是用来疏通耕田泥土的。上面为一横柄，下面有一排木齿。作业时，人们用双手按住横柄，前面用牲畜（一般为牛）牵引。在整田工序中，耖一般在犁、耙之后使用，耖耘后的田为成熟田。

人力耘田轴

农具，木质。长150厘米，滚轴宽15厘米，手柄宽32厘米。人力耘田轴为人工除草工具，材质一般为木质，底部两端是薄铁片。木辘轴整体分为两部分，扶把为木质，形制为上宽下窄的"H"形，顶端有短横木固定；底座为长方形并与扶把呈一定角度，底座前端的铁质薄片用于切割杂草，中间为木片组成的齿轮，既可以在推动时前进，又可将割下的杂草翻起。本品由滕兰花教授从南宁市兴宁区三塘镇创新村古琅坡征集。

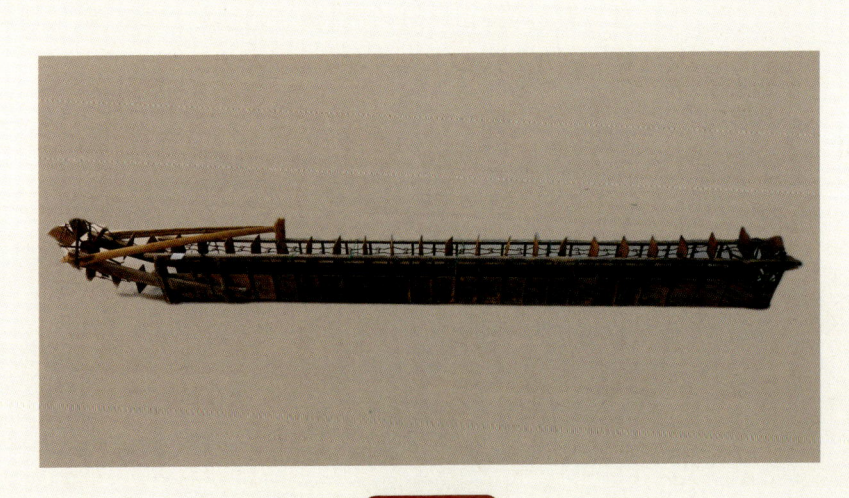

龙骨水车

农具，木、铁质，长360厘米，高40厘米，用于灌溉或排水。龙骨水车又名"翻车""踏车""水车"。流行于我国大部分地区，因其形状犹如龙骨，故名"龙骨水车"。其结构以木板为槽，中间为链条板叶，尾部有一个小轮轴，另一端为大轮轴。使用时将水车小轮轴部位浸入水中，用人力或畜力带动大轮轴转动，继而带动链条板叶转动，将水从地势较低处输送到较高处，达到灌溉或排水的目的。本品从贵港市平南县一壮族居民家中征集，大轮轴处附有拐木，可通过手摇带动工作。

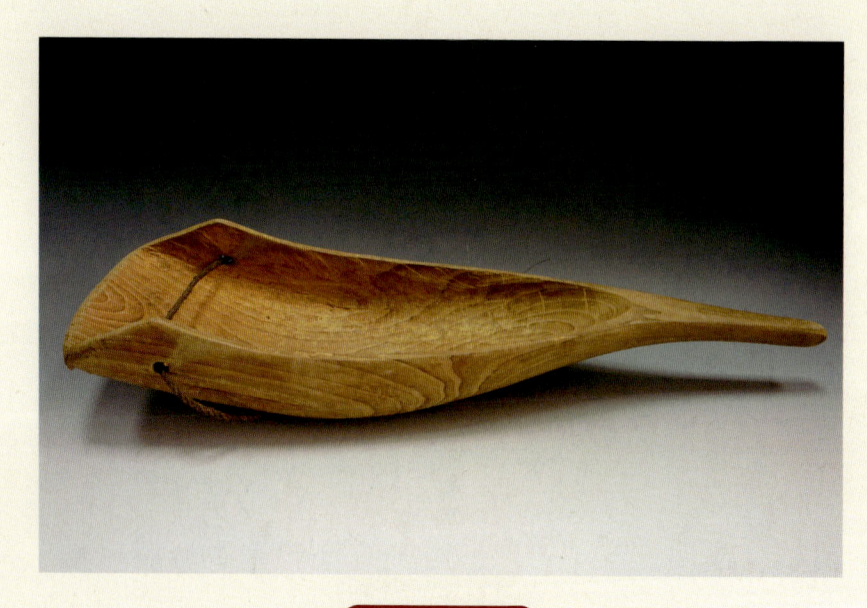

壮族木制戽斗

　　农具，木质，长55厘米，最宽处口径19厘米。戽斗是一种小型人力排灌工具。用竹篾、藤条等编成，也可以用木头凿成。本品用木头制作，铲形，一端宽口，另一端为长柄。分为单人戽斗和双人戽斗，此物为单人使用。据《王祯农书》记载："凡水岸稍下，不容置车，当旱之际，乃用戽斗。"

壮族斗水笼

　　农具，竹质，笼口直径35厘米，高40厘米。斗水笼实际是戽斗的一种，用竹篾编成，似斗，中间装把供一人使用。如果两边系绳，可由两人对站拉绳汲水，省力方便。

牛嘴套

农具，藤质，直径25厘米。用藤条编织成圆笼状，使用时套在牛嘴上，可以阻止牛采食庄稼，保护农作物。

竹编鸟笼

工具，竹质，直径31厘米，高32厘米。该鸟笼用竹条编织成馒头状，笼内有两根横梁，顶部有提绳，方便悬挂和移动鸟笼。

木柄铁头藕铲

　　农具，铁、木质，长44厘米，手柄宽32厘米，铲刃宽14厘米。藕铲为直插式农具，木制短手柄，铁质刃部较薄、较尖锐，略弯，可用于松土和刨地等。在广西横州一带，每逢莲藕收获季节，人们常使用藕铲顺着藕的生长方向，把藕周边的泥轻轻扒开，挖出整条藕。

拔收花生的木耙

　　农具，木、铁质，长80厘米，宽60厘米，一端为长的横柄把手，另一端为铁制耙头，用来开沟挖渠兼除草和拔收花生。本品由滕兰花教授从南宁市三塘镇创新村古琅坡征集。

打柴刀

农具,木、铁质,刀长12厘米;刀柄长16厘米;刀架长17厘米,宽4厘米。这把壮族打柴刀配有一个中空的刀架,方便使用者随身携带。本品于2001年被本馆收藏,征集地点是大新县下雷镇下雷村。

粪箕

农具,竹、木质,铲面长50厘米,宽40厘米,手柄高40厘米。本品用竹篾编织,呈铲状,实木做手柄,可以用来收运农作物、运送垃圾和动物粪便。

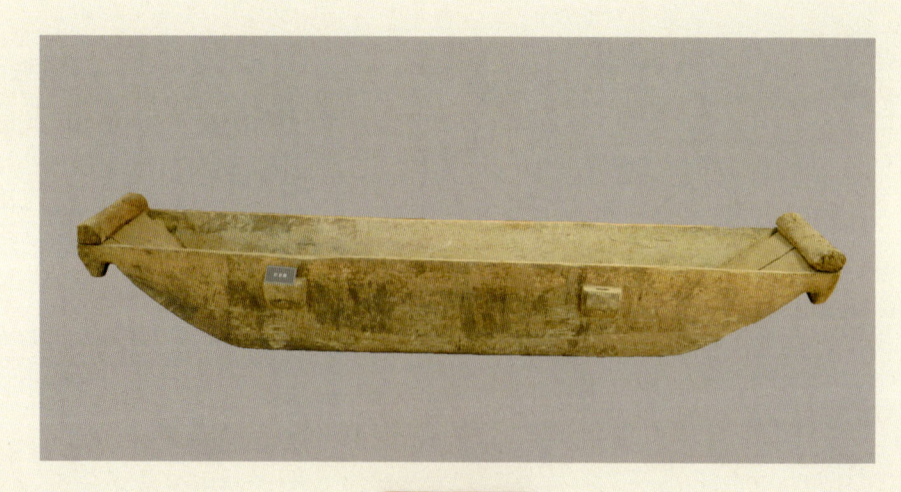

壮族打谷船

农具,木质,长245厘米,宽40厘米,高42厘米,用于稻谷脱粒。壮族作为稻作民族,在稻谷收割、脱粒环节,会使用"打谷船"。本品选用本地粗大木料,截断开凿成船型的打谷槽。使用时,两侧加上竹篱,打谷人站在打谷槽两端,双手握紧一扎稻穗的根部,将稻穗举过头顶,用力向下摔打至槽头内部的斜面板上,反复摔打,直至谷粒脱落。

谷筐和扁担

农具,竹质,一组两只,单只筐长40厘米,宽40厘米,高32厘米;扁担长143厘米,宽8厘米。谷筐是用竹子编织的篮筐,是传统生产、生活中重要的运输农具。使用时,人们用扁担两头各挑起一侧篮筐上的提绳。

酒坛、扁担与打酒筒

农具，陶质，酒坛口径15厘米，腹径35厘米，底径28厘米，高39厘米，用于盛酒和运酒。这种酒坛被置于竹筐中，坛与筐之间塞有稻草，从而起到缓冲作用，保护酒坛。竹筐两侧有悬耳，可用扁担挑起，便于运输。酒坛旁边是竹制打酒筒。

扬风车

农具，木质。长98厘米，宽37厘米，高111厘米。扬风车又名"扇车"，是中国常见的传统生产工具。木制的圆形"大肚子"藏有一叶轮，侧面有铁制的摇柄，人们转动摇柄，利用产生的风吹走谷物里的杂质、瘪粒、秸秆屑等。本品由滕兰花教授从大化瑶族自治县征集。

蔑制谷磨的下齿盘

农具，竹、木质，主要用于碾米。本品为蔑制谷磨的下齿盘，直径51厘米，高25厘米，木架高26厘米。这种磨盘的制作方法比较复杂，大致流程是先用竹篾编织成篮筐外壳，再注入掺和好的红粘土和盐巴做成磨心，最后做磨牙，在磨盘上面插入一排排有几十年树龄的黄皮树或龙眼树的木块。把上下磨盘和竹篾底座组装起来便是一个完整的谷磨。

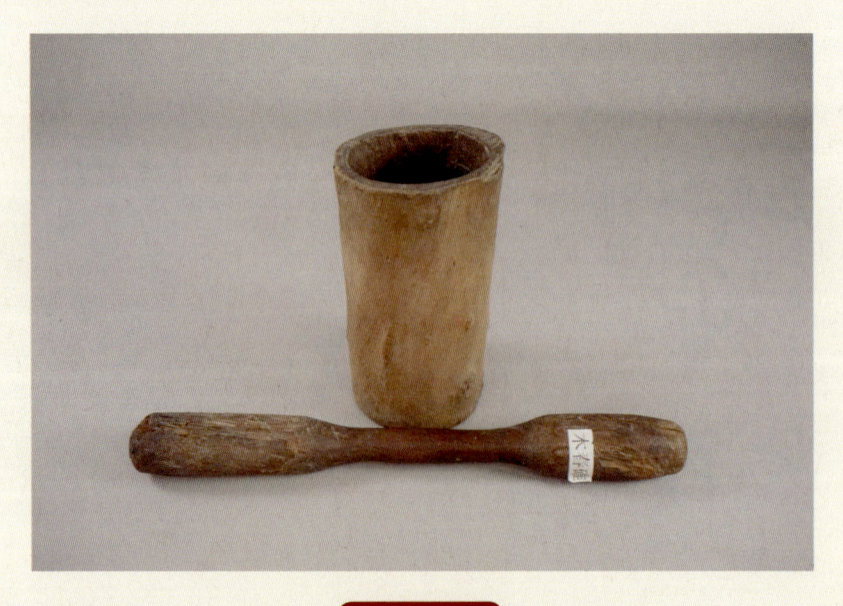

木臼与木碓

农具，木质，木臼口径21厘米，底径18厘米，高42厘米；木杵长80厘米，直径10厘米。用实木制成，用于砸、捣以及研磨药材、食材等。

米桶

农具，木质，直径37厘米，高69厘米。本品是用于储存大米的圆柱形木制容器，由桶身和盖子组成。桶盖上的横木棍用于固定盖子，达到压紧效果。

木盆

生活用具，木质，直径35厘米，高11厘米。用铁箍将等长的木板捆在一起，使桶片之间紧固而不渗水，从而加工成圆桶状的容器。箍桶是我国民间传统手工技艺之一，又称为"圆木作"，通常选用杉木、樟木或者漆树木为材料，经过几十道工艺加工而成。

竹编蒸笼

炊具,竹质,直径60厘米,深10厘米,圆形,有孔筛,用来蒸制食物。其特点是轻便耐用、透气性良好、蒸汽水不倒流,能保持食材的原汁原味。

竹编簸箕

农具,竹质,直径60厘米,深1.5厘米。本品用竹篾编成,用来簸去稻米中的杂质和空壳,也用来晾晒粮食或者蔬果等。

壮族鱼篓

农具，竹质，长27厘米，宽12厘米，高26厘米。竹编篓，口小，腹扁，用于盛放鱼。本品征集地点是大新县宝圩乡，原收藏者是农廷兴。

手编竹席

生活用具或农具，竹质，长190厘米，宽120厘米。本品是用一种表皮光滑、内质细韧的油竹劈成的篾丝编织而成，席面光滑，质地柔软，不易断裂，便于携带，经久耐用。可当坐具、寝具或农作物晾晒工具使用。

融水壮族草凳

生活用具，纤维质，直径18厘米，高16厘米。这是人们用稻草打成绳索之后，再手工编制而成的。本品征集地点是融水苗族自治县永乐乡。

木马驮

农具，木质，长82厘米，宽50厘米，高50厘米。在桂西山区，马驮是壮、瑶、苗等民族用木材做成八字形的鞍架，置于马背上，用以驮物。本品从百色市一壮族村民家购得。

壮族传统民居模型（一）

干栏式建筑模型，木质，长40厘米，宽25厘米，高16厘米。干栏式建筑是中国南方地区众多民族普遍采用的传统居住形式，用壮语解释，"干"为"稻梗""上边"的意思；"栏"即"房屋"。壮族干栏式民居多数为木质结构，竖木为柱，四壁用木板合成，顶上盖瓦。通常房屋有两到三层，具有长脊短檐、底架高出地面等特点，可防潮和避开各种凶猛的虫蛇野兽。该模型展示的是单层，底部抬空，以四根木桩作为底部支撑。

壮族传统民居模型（二）

干栏式建筑模型，木质，长16厘米，宽16厘米，高16厘米。本模型展示的民居底座坐落在有坡地的地面，正面有台阶。

壮族传统民居模型（三）

干栏式建筑模型，竹、木质，长38厘米，宽25厘米，高25厘米。模型展示的民居为两层，一般上层住人、下层圈养牲畜与存放农具。壮族民居通常依山而建，二楼部分架空，外廊设有栏杆，并有台阶通向地面。

壮族传统民居模型（四）

干栏式建筑模型，竹、木质，长40厘米，宽28厘米，高25厘米。模型展示的是用石头砌基础、墙面的民居，下面一层可圈养家畜和堆放杂物，二楼为人的居住空间，房前有长石条台阶，方便上下楼。

壮族瓦鼓

乐器、法器，陶质，鼓面直径21厘米，底座直径26厘米，高50厘米。瓦鼓的鼓身因为用陶土烧制而得名，又名"蜂鼓""岳鼓"，流行于广西，是壮、汉、瑶以及毛南等民族的混合击膜鸣乐器。壮族人民逢年过节、婚丧之事、祈祷丰收或杀猪做酒等，都要击鼓舞唱。鼓身上刻有"新窑村"字样，为宾阳县邹圩镇新窑村生产。

壮族天琴

乐器、法器，木质，琴身直径12厘米，琴长53厘米。本品以葫芦做琴筒，红蚬木做杆，尼龙线做琴弦，琴面有三根弦。天琴是壮族（布偏与布岱支系）使用的弹拨类弦鸣乐器，主要流行于广西西南部的龙州一带。本品征集地点是崇左市龙州县。

天峨壮族筒噔

乐器，竹质，直径10厘米，长69厘米。筒噔属于竹筒琴的一种，通常琴体由一节长约两尺的毛竹筒制成，琴筒一端有圆形音孔，竹筒中段将竹皮细丝剜起作为琴弦。河池市天峨县"壮族筒噔艺术"被列入第七批自治区级非物质文化遗产代表性项目名录。本品由万辅彬教授于天峨县征集。

壮族小鼓

乐器、法器，木、皮质，直径20厘米，高10厘米。小鼓是广西传统婚嫁殡丧、祭祖祝寿或佳节庆典中常用的伴奏乐器，壮族师公将其当法器使用。本品征集地点是龙州县龙州镇。

小圆锣

乐器、法器，铜质，直径12厘米。圆锣是传统的民间乐器，亦是师公仪式中常用的法器之一。明清时期，锣被广泛应用于戏曲音乐、舞蹈音乐和传统吹打乐当中。锣上有提绳，方便拎起来，用锣锤敲击。本品征集地点是龙州县龙州镇。

带柄锣

乐器、法器，铜、木质，锣面直径10厘米，连柄28厘米。带柄锣是装有木制把手的金属打击乐器，壮族师公将其作为法器使用。本品征集地点是龙州县龙州镇。

中型锣

乐器、法器，铜质，直径20厘米。中型锣是传统打击乐器，也是壮族仪式中师公使用的法器。本品征集地点是龙州县龙州镇。

镲

乐器、法器，铜质，一组两个，直径15厘米。镲是小型打击乐器，表面较平，厚度比钹稍薄，中部碗小顶圆，顶部有绳，使用时由两个圆形的铜片互相撞击发声的。镲也是壮族师公常用的法器之一。本品征集地点是龙州县龙州镇。

大铙

　　乐器、法器，铜质，一组两个，直径30厘米。本品整体大而薄，铙面呈弧形，边缘微微翘起，中心突起的半圆包，铙顶中心钻孔系以丝线。两面为一副，演奏时，两手各持一面，将丝线缠于手上，两铙相击而发音。也可单片使用，用棒槌击奏。大铙音色低沉洪亮，音量大而余音长。大铙是壮族师公使用的法器之一。本品征集地点是龙州县龙州镇。

木鱼

　　乐器、法器，木质，长18厘米，宽14厘米，高12厘米。木鱼呈团鱼形，腹部中空，头部正中开口，尾部盘绕，背部（敲击部位）呈斜坡形，两侧三角形，底部椭圆。使用时，用木锤敲击。本品征集地点是龙州县龙州镇。

壮族手铃

　　乐器、法器，铜质，铃高15厘米。手铃是一种手摇的打击乐器，由铃身、手柄和击锤三部分构成。铃身是决定手摇铃发声的部件，为铜质；手柄为木质；击锤由铰链固定在铃身中，可以通过调整击锤位置来决定手摇铃的响度。本品征集地点是龙州县龙州镇。

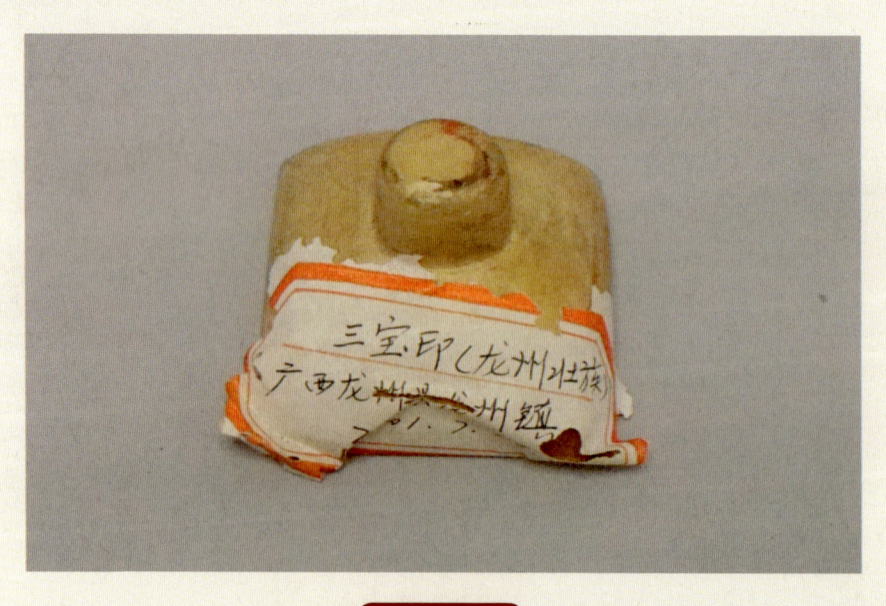

壮族三宝印

　　法器，木质，印章面长6厘米，宽4厘米。三宝印在道教法事活动中应用广泛，各种道教文书上时常使用道经师宝印。本品征集地点是龙州县龙州镇。

壮族符印

法器，木质，长12厘米，宽8厘米。印章用于印符，印面刻有一条龙。本品征集地点是龙州县龙州镇。

师公剑

法器，铁质，长28厘米。短柄，剑鞘和剑柄上有镂空装饰图案，柄上挂有装饰用的流苏。壮族师公在仪式中将其作为法器使用。本品征集地点是龙州县龙州镇。

铜链马

法器，铜质，圆环相扣的锁链。铜链马主要用在左江上游大新县下雷镇以及周边地区的法事中，在仪式过程中，麽婆盘坐于地上，有节奏地摇动手中铜链撞击置于地面的铜盘，以象征"麽路"的行进。本品征集地点是龙州县龙州镇。

壮族师公经书

经书，民国，纸质。师公的经书唱本，都是世代相传的民间手抄本，文体为五言或七言的押腰韵山歌体，用壮族的方块土俗字写成。主要包括创世史诗、英雄史诗、爱情故事和孝悌故事等方面的内容。本品征集地点是龙州县龙州镇。

二、汉族精品

八仙桌（套）

家具，民国，木质。一套四件：一桌、两椅、一脚凳。桌长89厘米、宽89厘米、高88厘米；单个椅长54厘米、宽43厘米、高90厘米；脚凳长47.5厘米、宽24.5厘米、高25厘米。八仙桌是传统家具之一，桌面为方形，较宽，每边可坐二人，四边可坐八人，故中国民间雅称八仙桌。

木茶托

茶托，木质，长53厘米，宽35厘米，高4厘米。本品为四方形，由木板拼接而成，用于托物，如茶具、餐具等。

青花瓷枕

　　床上用品，民国，瓷质，长15厘米，宽15厘米，高8厘米。青花瓷枕是中国古代瓷器造型中较为流行的一种，枕上用彩釉绘成精美的图画或题上诗句。本品正面和侧面各饰有一只狮子滚绣球图案。

钦州坭兴陶

　　传统工艺品，现代，陶质，一套三件，左、右为陶瓶，中间为陶尊，均是广西钦州产的坭兴陶。此陶器以广西钦州市钦江东西两岸特有的紫红陶土为原料，再经由数十道工序烧制后形成。坭兴陶不上任何釉彩，色泽为陶土自然形成。坯体在烧制中产生的自然纹样和颜色变化即"窑变"，乃坭兴陶的一大特色。本套坭兴陶表面主要绘有花卉和山峦图案，清新、典雅。2008年6月14日，陶器烧制技艺（钦州坭兴陶烧制技艺）经中华人民共和国国务院批准被列入第二批国家级非物质文化遗产名录。

坭兴陶竹节杯

　　生活用具，现代，陶质，口径8厘米，底径7厘米，高12厘米。竹节杯的杯身如竹节。竹是四君子之一，寓意美好，以竹节做杯形，有彰显气节、坚韧不拔、万古长青之意。本品具有实用性和观赏价值。

坭兴陶茶杯

　　生活用具，现代，陶质，口径8厘米，底径6厘米，高11厘米。在坭兴陶发展的长河中，匠人们逐渐将实用性与艺术性相结合，茶具便是其主要产品之一。此杯设计简约、清雅，腰线以上绘有梅、竹图案。

宾阳陶瓷

传统工艺品，现代，瓷质，一套三件。本品主要采用广西宾阳县产的粘土，经过制坯加工、绘制和烧制而成，瓶上绘有鸟、兽、花卉等纹样。这三件是1959年宾阳县渌思瓷器社制造的。

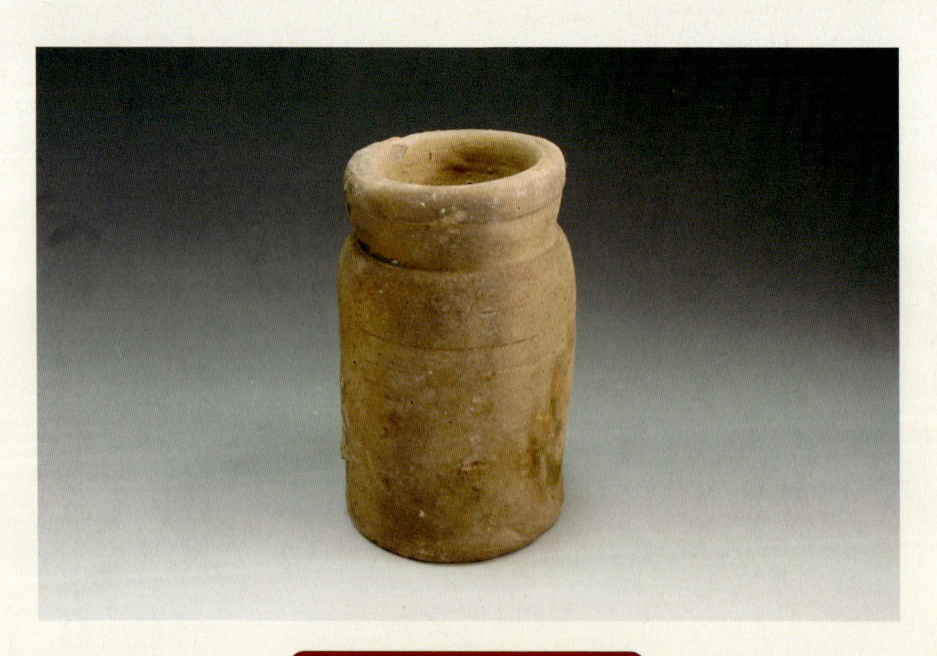

清代凸沿高领桶腹素面陶瓶

生活用具，清代，陶质，口径11.5厘米，高22厘米。整体呈圆柱形，圆底，瓶颈短。本品由王柏中教授于防城港市江山半岛潭蓬村征集。

三、瑶族精品

金秀瑶族"小尖头"女服

服饰，棉质。金秀、荔浦等地的一些盘瑶妇女服饰因有小巧精致的塔式尖头帽而被称为"小尖头"。这套"小尖头"女服的帽子用竹笋壳衬里，外包黑色布块，再加以红、黄两色锦带层层扎紧，并将带端的丝穗留在两侧。上衣为青黑色立领对襟长袖衣，两襟有宽约15厘米的瑶族挑绣，襟口用红色流苏和花边装饰。下装是黑色长裤，裤脚绣有30厘米长的绿、红、黄、棕色花边。腰部围裙为黑底裙面，上镶有多层花边，用绣有红、黄为主色的彩带将围裙系紧。本品征集地点是金秀瑶族自治县三江乡大磨屯，由自治区级非物质文化遗产代表性项目金秀瑶族服饰市级代表性传承人冯柳云制作。

华风桂韵——广西民族大学民族博物馆藏品撷珍概览

金秀瑶族男服

　　服饰，棉质。这款服饰上装为黑布对襟上衣，领口、袖口和衣襟都有刺绣，下装为直筒长裤，裤脚饰有刺绣，腰部有宽约10厘米的彩色腰带，肩部有红色流苏的坎肩，全身刺绣以红色、棕色、黄色为主，少量用绿色点缀。帽子是用有狗牙绣的彩带盘成的圆帽。整体非常鲜艳、喜庆。本品征集地点是金秀瑶族自治县三江乡大磨屯，由自治区级非物质文化遗产代表性项目金秀瑶族服饰市级代表性传承人冯柳云制作。

白裤瑶女服后背心粘膏染布片

　　服饰，棉质，长31厘米，宽31厘米。白裤瑶的女装上衣为古老的"贯头衣"款式，无袖，两侧相同，后背心有花纹，采用粘膏染和刺绣的方式制成。粘膏染类似蜡染，即用当地产的粘膏树的汁液绘好底图，再用蓝靛染色。本品为南丹白裤瑶女服后背心的粘膏染布片，由我校教师从南丹县里湖镇征集。

茶山瑶草鞋

　　服饰，草、化纤质，长24厘米。草鞋是瑶族的传统劳动用鞋，主要用稻草编织而成。过去，男女老幼，下地干活、上山伐木、砍柴、采药、狩猎时，都可以穿草鞋。草鞋既利水，又透气、轻便、柔软、防滑。这双草鞋在编织中加入了少量的彩色毛线，增加了舒适度和美感。本品征集地点是金秀瑶族自治县。

茶山瑶银帽丁

首饰,银质,长30厘米,宽28厘米,高14厘米,重738克。银帽丁为三条弧形银板造型,两头上翘,是广西金秀瑶族自治县茶山瑶妇女帽子顶部的装饰品。本品中间包裹的黑布是银帽丁与帽子之间的衔接部分。

双铃银帽花

配饰,单只,银质,长7厘米,重7克。帽花是安在帽子上的装饰物。明清之际在民间广泛流行,多用于庆贺婴孩满月、周岁,妇女也多有佩戴。至民国时期,民间银饰品丰富齐全,点翠、累丝等工艺运用于小小的帽花上。本品由两个小铃铛连在圆片上构成,圆片上有石榴花纹。

铁皮镀银菩萨帽饰

配饰，铁、银质。共3枚，长3.5厘米，宽2厘米；长3.5厘米，宽3.5厘米；长3.5厘米，宽2厘米。总重为3克。这些帽饰是铁皮镀银的，白裤瑶常将其缝在儿童帽上作为装饰，寓意平安健康。本品征集地点是南丹县里湖镇。

瑶族银项圈

首饰，银质，圆柱形，长31厘米，宽26.6厘米，重564克。本品由七排空心扁圆银条依次排列组成，项圈开口处有搭扣，方便佩戴。瑶族银饰为服装配饰，女性银饰品较多，有花、鸟、鱼、虫等图样。盘瑶、山子瑶、坳瑶、花蓝瑶妇女，爱戴圆柱形颈圈，少则1个，多则10余个。

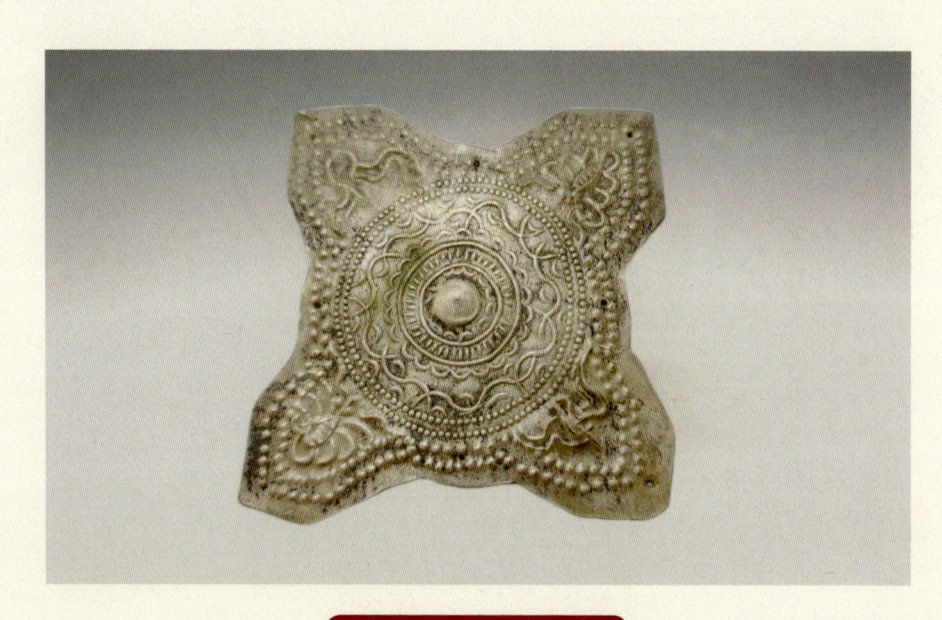

瑶族四角蝴蝶花银胸牌

　　首饰，银质，长5厘米，宽5厘米，重11克。该胸牌有四角，角上饰有蝴蝶花纹，作为瑶族女性上衣胸前装饰品使用。本品于2001年被本馆收藏，征集地点是龙胜各族自治县。

瑶族烧蓝合页式银牌

　　首饰，银质，长28厘米，宽16.5厘米，厚0.3厘米，重254克。本品由两块银片连接而成，相连之处的合页采用烧蓝工艺，上面刻有动物花纹。上下银片中央分别錾有龙、凤纹。上方银片两端有链条，方便佩戴在脖子上。这是广西红瑶妇女的配饰。本品征集地点是龙胜各族自治县龙脊镇。

瑶族大口链茶花扣耳环

　　首饰，银质，一对两只，单个约直径7厘米，总重40克，耳环下坠茶花扣，简洁美观。

掐丝银耳环

　　首饰，银质，一对两只，单个直径4厘米，重15克，环形吊坠耳环，主要用掐丝工艺制作。

茶山瑶旋涡银耳环

首饰，银质，一对两只，单只直径2厘米，长5厘米，重12克。耳环下坠有漩涡形装饰。本品征集地点是金秀瑶族自治县六巷乡。

瑶族鱼型银耳环

首饰，银质，一对两只，长6厘米，重8克。每只下方吊坠刻有一只跃升的鲤鱼，形象生动。

花头瑶宝剑耳环

首饰，银质，环形，一对两只，单个直径4厘米，长8.7厘米，总重20克。本品下坠的装饰物为剑柄样式，佩戴时剑柄朝向正前方，代表尊敬和肃意。

瑶族扭丝扁口乳钉银镯

首饰，银质，直径6厘米，重40克。本品为开口镯，开口处略扁，两侧有乳钉造型，其余镯面为扭丝状。

瑶族开口扁镯

　　首饰，铜质，环形，直径5.5厘米，重25克。开口镯，是一种极具包容性的镯形，适合不同粗细的手腕，比起满镯的厚重和馥郁，轻巧、纤细、婉约与别致的开口扁镯，最能勾勒玉腕的秀气感。

瑶族缠枝花纹扁银镯

　　首饰，银质，环形，直径8厘米，重120克。本品为扁圆银镯，内平外凸，镯面饰有缠枝花纹。

瑶族空心手镯

首饰，银质，环形，一对两只，直径8厘米，重30克。此品内平外圆凸，空心，镯面饰有枋纹和云纹，主要采用錾花工艺。

瑶族银刮舌器

生活用具，银质，长10.5厘米，形如一个长柄的银杏叶，有柄的一端尖锐，另一端如弯曲的叶片，用于刮舌苔，清洁舌面。

土瑶粥桶

生活用具,竹质,直径13厘米,高20厘米。用毛竹筒截断制成,带盖,方便携带粥饭去田间劳动时食用。本品征集地点是贺州市沙田镇黄南村。

瑶族油茶鸳鸯罐

生活用具,陶质,一组两罐,单个陶罐体腹径11厘米,两罐连体带盖。本品于2021年由本校社会学专业甘品元老师从恭城瑶族自治县观音乡水滨村蒋礼发处征集。此罐主要用于存储猪油、食盐等,方便食用油茶时,添加调味料。

木甑子

炊具，又名"甑子"，木质，直径30厘米，高35厘米。外部像木桶，内部有竹篾编的箅子。木甑子主要用于蒸米饭，甑子饭是壮族传统美食之一，清香可口。本品征集地点是大化瑶族自治县共和乡颁桃村。

花蓝瑶胡须夹

生活用具，竹质，一组两个，单个长约20厘米，瑶族用于剔除胡须。本品从金秀瑶族自治县六巷村村民蓝光钰处征集。

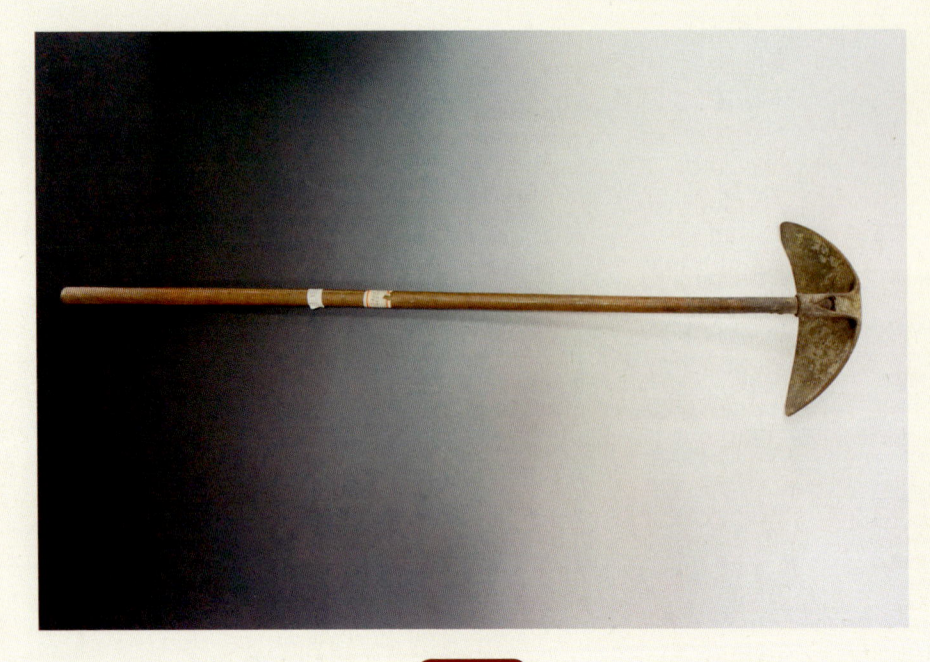

铁刮子

农具，铁头木柄，长120厘米。其刀身平薄而横装，收获、挖穴、作垄、耕垦、盖土、筑除草、碎土、中耕、培土作业皆可使用。本品征集地点是贺州市沙田镇。

瑶族小铁刮

农具，铁头木柄，一组两把，上面一把长36厘米，下面一把长40厘米，瑶族传统生产工具，用于刮土。

瑶族木踏犁

农具，木、铁质，犁头长43厘米，宽8厘米，横柄宽42.5厘米，长柄为92厘米。铁头木身型踏犁。本品由高崧耀老师从东兰县东兰镇五联村征集。

红瑶镰刀篓

农具，竹质，靴形，篓底宽22厘米，篓高25厘米。使用时将绳子系在腰间，镰刀插进篓内。本品于2001年7月13日由本校老师从融水苗族自治县白云乡瑶口村大坳屯征集。

土瑶砍草刀和刀盒

农具，木、铁质，土瑶砍草刀和刀盒。砍草刀为铁头木柄型，用来砍除杂草；刀盒为木质，存放刀具。盒上有红、黄、绿等颜色的棉线编成的绳子，方便系于腰间。本品征集地点是贺州市沙田镇狮东镇小冲屯。

茶山瑶禾剪

农具，铁、木质，一组两只，半圆状，单只直径约7厘米。禾剪是广西少数民族常用且极富特色的收割工具。其收割的对象是谷物、薯藤、猪菜，有时也用于田边杂草的清除。本品刀口为铁质，刀背为木质，2001年8月6日由本校老师从金秀瑶族自治县金村征集。

红瑶弯角铜板禾剪

农具,铜、木质,长47厘米,刀片直径8.5厘米。整体呈弯弯的牛角形状,粗端插有一枚半圆形铜刀片。用这种禾剪收割糯米稻,省时省力。本品征集地点是龙胜各族自治县。

花蓝瑶禾篓

农具,竹质,扁形,底部长26厘米,宽10厘米,口径12厘米,高28厘米,圆口,长方形底,用以存放工具或日常用品。本品征集地点是金秀瑶族自治县六巷乡。

花蓝瑶小禾篓

农具，竹质，口径12厘米，底径12厘米×12厘米，高13厘米。本品为圆口方底的篮筐，上面有麻绳，劳动时绑系在腰上，可盛放农作物或小工具等。本品征集地点是金秀瑶族自治县六巷乡。

花蓝瑶大禾篓

农具，竹质，口径20厘米，底径18厘米，高20厘米。本品广口，小底，用竹条编织，非常紧实。本品于2001年被本馆收藏，原收藏者为金秀瑶族县六巷乡蓝光钰。

红瑶四方竹箩筐

农具，竹质，长12厘米，宽12厘米，高9厘米。本品由两个方底的小竹筐扣在一起。用于存放物品或清洗蔬菜，因上方有盖子，有利于防尘和保存。本品征集地点是融水苗族自治县白云乡瑶口村大坳屯。

山子瑶族鱼篓

农具，竹质，长25厘米，宽10厘米，高22厘米，本品为椭圆形口，广口，储存鱼虾使用。本品征集地点是金秀瑶族自治县六巷乡。

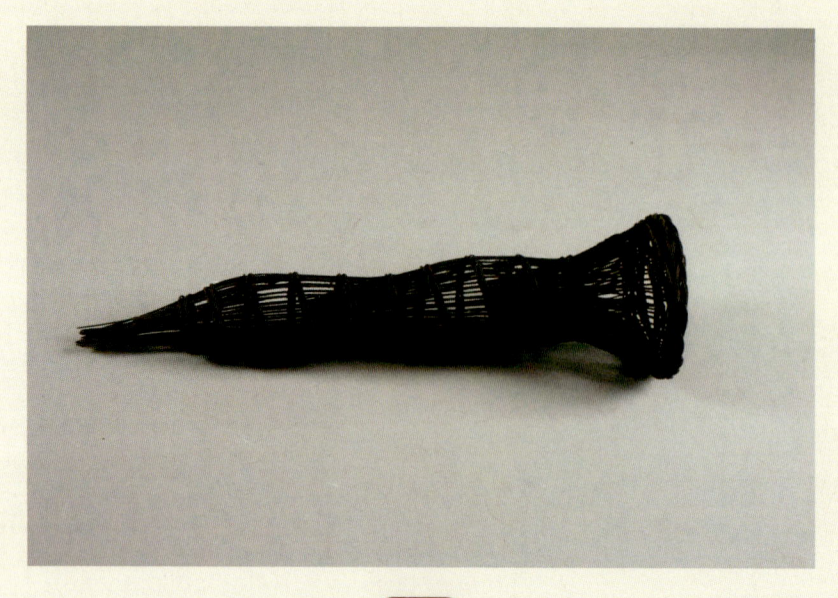

鱼笱

渔具，竹质，口径2厘米，底径10厘米，高50厘米。鱼笱是一种传统捕捞鱼的工具，通常用竹条编制而成。利用诱饵把鱼吸引至鱼篓深处，且口有向内翻的竹片，使之困于其中。

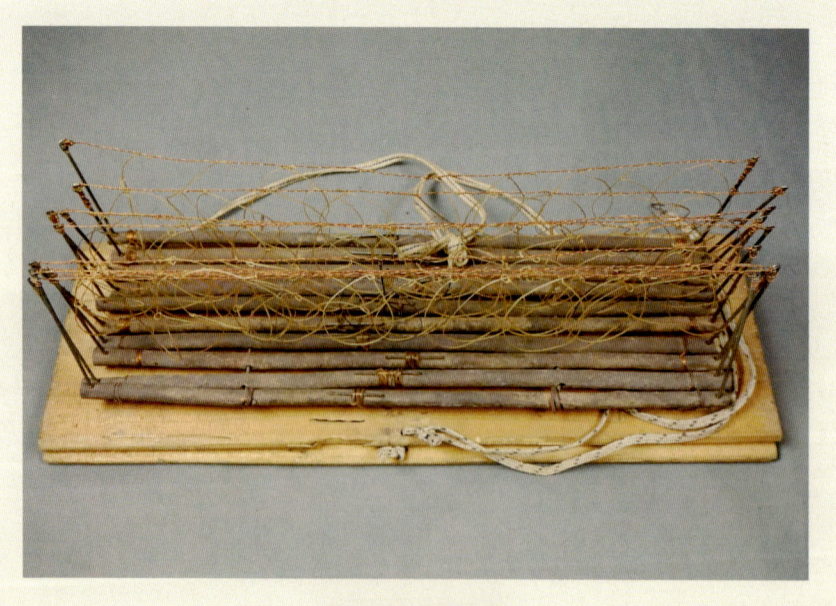

茶山瑶捕鸟套

狩猎工具，竹质，长45厘米，宽10厘米，在横排并列的竹条上，系有数个绳套。过去狩猎时，将捕鸟套放置在选好的地点，用于套飞禽或其他小型走兽。本品征集地点是金秀瑶族自治县金村。

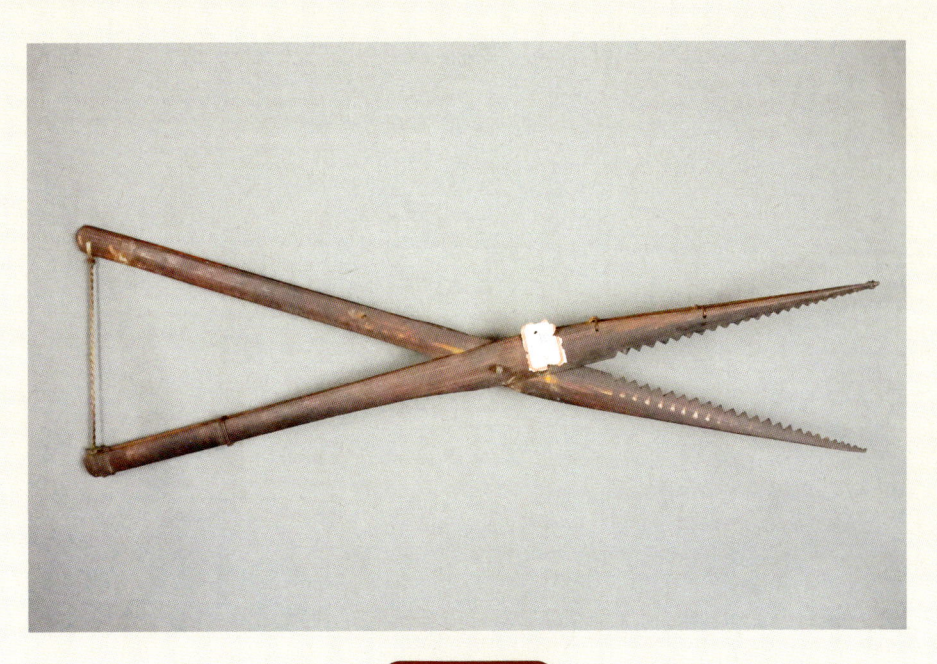

茶山瑶鱼夹

渔具，竹质，长45厘米，由两根前端带锋利齿牙的竹条交叉制成，形如剪刀。鱼夹是瑶族传统捕鱼工具，用于夹鱼。本品征集地点是金秀瑶族自治县金村。

蚂蚱笼

工具，竹质，腹部直径8厘米，高10厘米。蚂蚱笼是用竹篾编成的圆球形小笼子，十分精致，上方有开口，用于存放和饲养蚂蚱。

瑶族铁砂袋

工具,皮质,一组两个,单个长约10厘米,宽5厘米。这是过去瑶族用于盛放土枪射击时所用的铁砂子的工具,用处理过的羊蹄子制成,铁砂袋口用木塞堵住,使铁砂子不易外漏。人们外出狩猎时随身携带小巧的铁砂袋,极为方便。本品征集地点是广西金秀瑶族自治县金村。

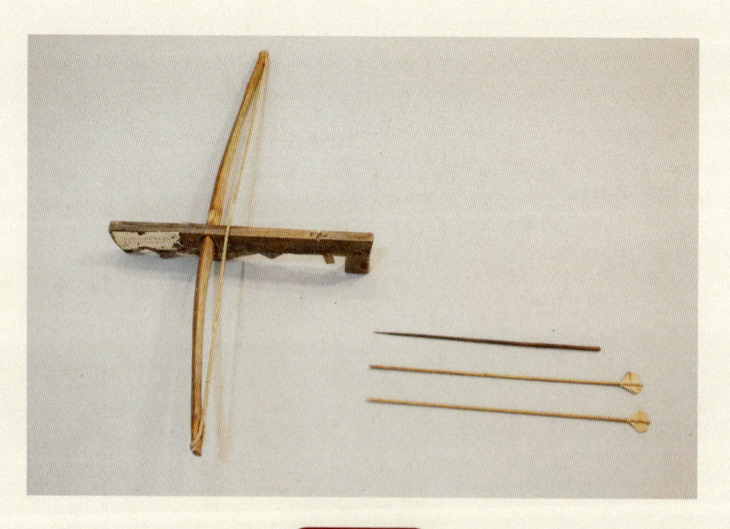

瑶族木弩

狩猎工具、武器、体育用具,木质,长60厘米,宽4厘米。弩是瑶族群众用作谋生、狩猎的生产工具和用于征战御敌的武器。通常用60厘米到1米长的木杆刨成方形,顶端凿出横孔,套上一条略弯的竹板,在竹板两端绑上青麻绳或牛筋做的弦,木杆的正上面再挖几条箭槽,中下段凿孔安上扳机,使用时将弦线拉下搭在扳机上,射程可达几十米。现在,射弩已成为一项少数民族体育运动竞技项目。本品是巴马县东山乡文钱村覃秀梅在1991年全国少数民族运动会上获得第二名时所使用的木弩。

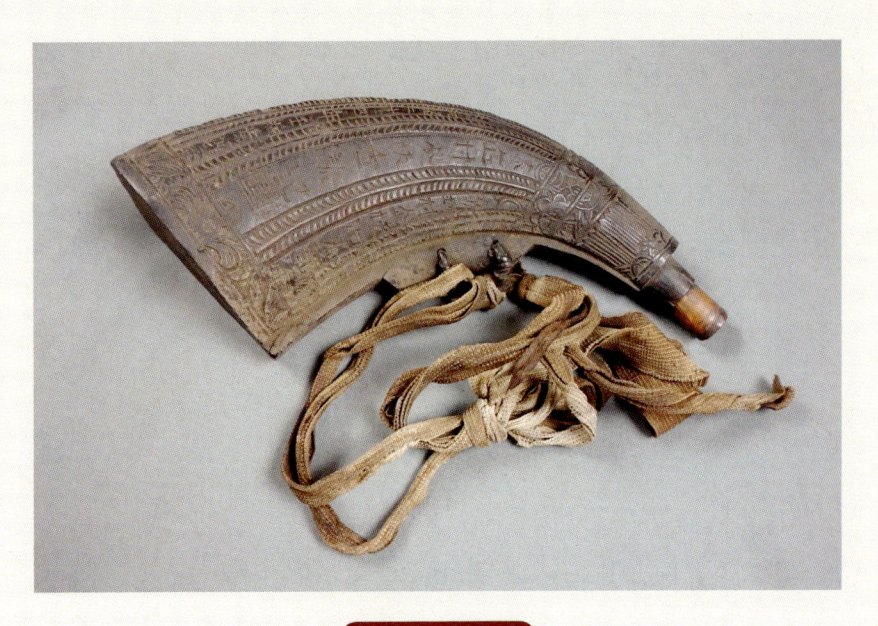

茶山瑶牛角硝

工具，角质，这是过去瑶族用于盛放土枪火药的容器，用单只牛角制成，牛角表面饰有花纹，角尖有木塞，角侧面打有孔洞用于拴绳，瑶族狩猎时可随身携带。本品征集地点是广西金秀瑶族自治县金村。

白裤瑶陀螺

体育用具，木质，直径10厘米。本品上半部分为圆形，下方尖锐，呈倒圆锥形，用于白裤瑶的传统体育竞技项目打陀螺。玩时可用绳子缠绕，甩打陀螺。每逢佳节，白裤瑶男女会互斗陀螺，联络感情。本品征集地点是南丹县里湖镇。

白裤瑶拉篥

乐器，竹、塑料质，长46厘米，宽5厘米。广西南丹县白裤瑶民间乐器。白裤瑶拉篥由主管和副管以及一个小喇叭组成，主管选用南丹当地的蓝竹为材料，管上有三个按孔，过去小喇叭用牛角或晒干的葫芦壳制，现代有时采用塑料材质，有扩音作用。

瑶族长鼓

乐器，木、皮质，鼓面直径21厘米，长71厘米。瑶族长鼓，又称"花鼓"。因鼓身细长而得名。于宋代已流传，当时称"铙鼓"或"铳鼓"。流行于广西壮族自治区金秀瑶族自治县、广东省连南瑶族自治县及其湘、桂、粤毗邻之广大瑶族地区。本品征集地点是金秀瑶族自治县。

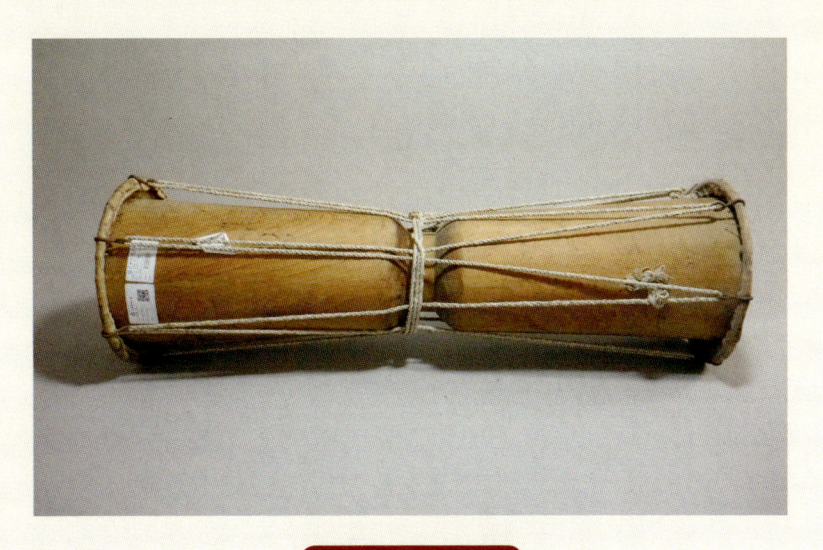

瑶族黄泥鼓母鼓

乐器，木、皮质，鼓面直径29厘米，长93厘米。本品呈长筒状，中间腰身明显较细，形如两个倒接的酒杯。鼓身是用整段泡桐木挖制而成，两端蒙上羊皮，皮面固定在两个圆形铁圈上，盖于两端鼓口上，用铁钩系绳绷紧。因鼓面涂有黄泥而得名。黄泥鼓是居住在金秀瑶族自治县大瑶山上瑶族人民喜爱的民间乐器之一，有公鼓和母鼓之分，本品为母鼓，与公鼓演奏方法不一样。本品征集地点是金秀瑶族自治县六巷乡。

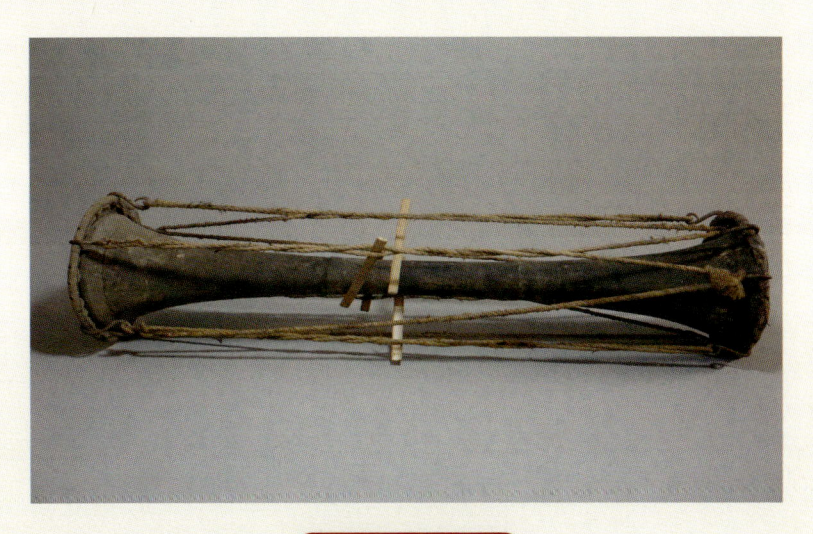

瑶族黄泥鼓公鼓

乐器，木、皮质，鼓面直径26厘米，长107厘米。瑶族黄泥鼓公鼓身相对母鼓轻巧，中间很细，两端粗大，形如两个倒置的喇叭。演奏公鼓时，左手持握鼓腰，举鼓于胸前，上下左右舞动，右手交替拍击两端鼓面。凡遇逢年过节，师公活动，喜庆丰收，祭祀祈祷或丧葬斋事等场合，瑶族人民都要演奏黄泥鼓。本品征集地点是金秀瑶族自治县六巷乡。

四、苗族精品

融水苗族女常服

　　广西融水苗族女性服装主体色彩偏重蓝、青、黑、紫等深色。这套女常服的上装为交领左衽交襟衣，使用亮布剪裁，衣襟、衣摆、袖筒等部位饰有彩布、花边、刺绣和织锦带；下装为深黑色百褶裙。这套服饰是由自治区级非物质文化遗产代表性项目苗族服饰制作技艺区级代表性传承人梁小哲制作。

苗族百鸟衣

　　服饰，棉、化纤质。百鸟衣是苗族传统服饰中的特色盛装之一。此百鸟衣上衣为紫色灯芯绒材质，交领，领口和袖口有刺绣，肩部和腰部的"旗幡"均有羽毛流苏装饰，并与上衣直接相连，华丽而精美。本品征集地点是柳州市融水苗族自治县。

隆林红头苗女服

　　服饰，棉质。本品为广西隆林各族自治县红头苗女服。上衣采用棉布制作，墨绿色，大襟短衣，中开襟，无纽扣，后衣领缝制一小块长方形绣片，可立起来，长约12.7厘米，宽5厘米。袖子为七分袖，袖口镶较宽的红色花纹布块，宛如袖章；下装是黑色的长直筒裙，裙子正面有两条平行花条，靠近裙脚边也有花条，整体素雅。

苗族蜡染男上衣

　　服饰，棉质。男性苗族上衣，采用自纺、自织、自染等工艺制成。本品用蓝靛染色，对襟，立领，胸口、袖口和口袋边缘部分均有蜡染的花纹。本品征集地点是隆林各族自治县。

红头苗百褶裙

　　服饰，棉、麻质。本品为红头苗百褶裙，裙长过膝，工艺精巧。此裙由裙首、裙腰、彩带和裙脚四节组成，裙首由白麻布制成，相邻为蜡染压褶的裙腰和刺绣彩带，裙脚为黑色麻布。本品征集地点是隆林各族自治县。

苗族百褶裙

服饰，棉质。百褶裙可谓是苗族服装的标识，苗族妇女上身一般穿窄袖、大领、对襟短衣，下身搭配百褶裙。苗族的百褶裙用料较厚实，通过刺绣、挑花等工艺加固，一是起到装饰的作用，二是防止走山路时被树枝和荆棘刮破裙子。此裙身分两段，上段为深蓝色棉布制作，其色接近黑色；下段用蓝靛夹染，深底上饰以条纹，整体是围合式结构，布料硬挺，裙褶均匀，具有厚重与恬静的美感。

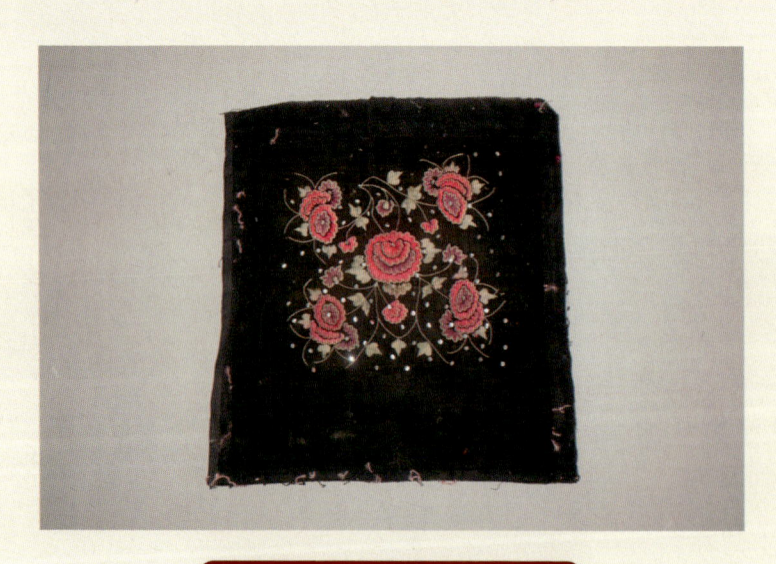

隆林苗族黑底团花刺绣背带心

服饰，棉质。长50厘米，宽43厘米。本品为黑底团花刺绣背带心。广西隆林德峨镇一带属于高寒石山区，儿童背带材质多采用较厚实的灯芯绒做底部，底色通常为黑色或深绿色，刺绣图案多采用热情奔放的红色花卉图案。本品征集地点是隆林各族自治县德峨镇。

南丹中堡花苗背带

服饰，棉质。长120厘米（连绑带430厘米），宽53厘米。背带又叫"背儿带"，用于背幼儿。本品以蓝色棉布为底，表层是以亮黄色为主的苗族刺绣，中心绣片呈正方形，上面有回字纹、动物纹等，中央坠有3扎红色毛线装饰物。这是广西南丹县中堡乡莫文珍女士幼时使用过的，是其外婆和母亲在1990年亲手制作，富有苗族原生态美。

苗族凤戏牡丹刺绣背带

服饰，棉、丝质。长79厘米，宽45厘米。此背带曾于百色市隆林县一带流行，由上下两块刺绣方片缝制而成，上面绣有凤凰和花朵等图案。本品征集地点是隆林各族自治县。

苗族水波菱纹织锦

　　传统工艺品，棉、丝、麻质。长90厘米，宽40厘米。苗锦是苗族妇女利用当地所产的蚕丝、苎麻、木棉等纤维染彩编织形成的织物，色彩艳丽。苗锦图案一般以黑色为主色，配以红、蓝、橙、紫、黄、绿等色彩。本品中间为并列成一排的菱形花纹，相邻为蓝色水波纹，外侧为蝴蝶纹，织锦下沿有花卉纹，均是苗锦中常见的图案，体现了融水苗族对图腾的崇拜以及对民族记忆的传承，同时也展现了苗族人民的审美追求等。本品征集地点是融水苗族自治县。

苗族水波菱纹织锦

　　传统工艺品，棉、丝、麻质。长120厘米，宽40厘米。本品中间一行为数个菱形花纹，相邻为浅蓝色水波纹，外侧为苗族蝴蝶纹，上、下沿为连续花卉图案。本品征集地点是融水苗族自治县。

苗族镶银木梳

　　生活用具，木、铁、银质。长5厘米，宽4厘米，重80克。梳背呈圆弧状，外包镀银铁皮；梳齿为木质，梳背和梳子两端都有装饰花纹。银梳是苗族妇女传统生活中不可缺少的物品，既可梳理头发，又能插在发髻上作为装饰品。

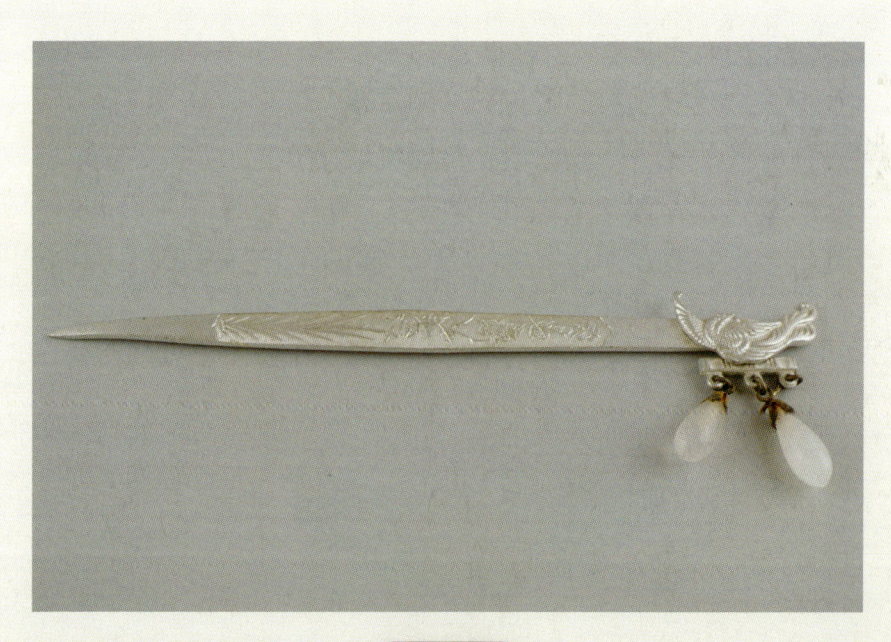

苗族头钗

　　首饰，铝质，长10厘米，重6克，钗上刻有花卉、叶片和蜻蜓等图案，尾部有一只雕刻的凤凰和两只水滴状白色垂珠。头钗用于装饰和固定发髻。

苗族双铃帽花

配饰,银质,一对两只,单只长7厘米,重14克。每只主体是一直径2厘米的圆片,圆片边缘为一圈串珠,下坠两颗铃铛,双铃帽花用于苗族帽子装饰。

苗族小三圈银耳环

首饰,银质,一对两个,长4.8厘米,重9克。耳针为S形弯钩,耳坠为复合结构,上端为宝塔形圆柱,下面缀有三个连在一起的旋涡纹样。本品主要采用錾刻工艺。

苗族红花苞耳环

首饰，银质，一对两只，长5.5厘米，重6克。耳针为S形弯钩，环下坠的是红色花苞，银质花萼。

苗族圆片耳环

首饰，铝质，一对两个，长5厘米，重1克。主体为直径2厘米的薄圆片，带有尖锐针尖。

苗族八角形衣片

　　配饰，铝质，一组两个，八角形，直径6.5厘米，重6克。本品中央凸起，中间有圆纽，表面錾有花卉纹、几何纹等。八角形纹是苗、瑶、侗等民族服饰中常用到的纹样，衣片一般用来装饰服装。

苗族铜项圈

　　首饰，铜质，直径22.8厘米，重93克。首饰是苗族对外在审美的追求，承载了民族生活态度。苗族很重视胸颈部位的装饰，项圈种类繁多，大体分为圈形和链形，制作工艺多样。本品为铜条打制的项圈，推拉式，在其下半段重叠缠制了半圈铜丝。整条项圈素面无纹，设计简约又不乏味。

苗族开口扭丝手镯

首饰，铝质，环形，直径6厘米，重12克。扭丝款式，有开口，可以调节尺寸。

苗族藤蔓花纹银手镯

首饰，银质，环形，直径6厘米，重23克。此手镯表面外凸，錾有藤蔓纹和蝴蝶纹。

苗族牡丹花纹银手镯

　　首饰，银质，环形，直径6厘米，重22克。苗族女性手部饰品。此手镯表面外凸，錾有牡丹花纹。

巴马苗族镂空银手镯

　　首饰，银质，一对两只，环形，单只直径7.7厘米，总重64克。此手镯表面外凸，内圈扁平，中空，镂刻花卉图案，表面饰有菱纹、枱纹以及花卉图案等。本品征集地点是巴马瑶族自治县。

苗族大银手镯

首饰,银质,一对两只,环形,单只直径9厘米,总重67克,中空,表面錾刻有蝴蝶纹、网纹等。本品征集地点是隆林各族自治县。

苗族烧蓝银戒指

首饰,银质,环形,直径2厘米,宽1.5厘米,重13克。戒面用烧蓝工艺制成,饰有黄、绿相间的花卉图案。

苗族马鞍铜戒指

首饰，铜质，环形，直径2厘米，高3厘米，重6克，戒面宽，形状酷似坐骑上的马鞍头，中央有模压植物花纹。

苗族马鞍银戒指

首饰，银质，环形，直径2厘米，高2厘米，重2克，宽戒面，形状酷似坐骑上的马鞍头，戒面有模压八角花纹。

银吊扣

配饰，银质，一组五只，单只长6厘米，重2克，每只吊扣有一颗刻花的圆扣，并坠有串联的圆环，用于服装装饰。

草苗巡寨梆

生活用具，竹质，长30厘米，宽10厘米。在寨子中巡逻时使用，用小木棍敲击圆柱体可发出声音。本品于2001年7月8日被本馆收藏，征集地点是融水苗族自治县四荣乡荣塘村。

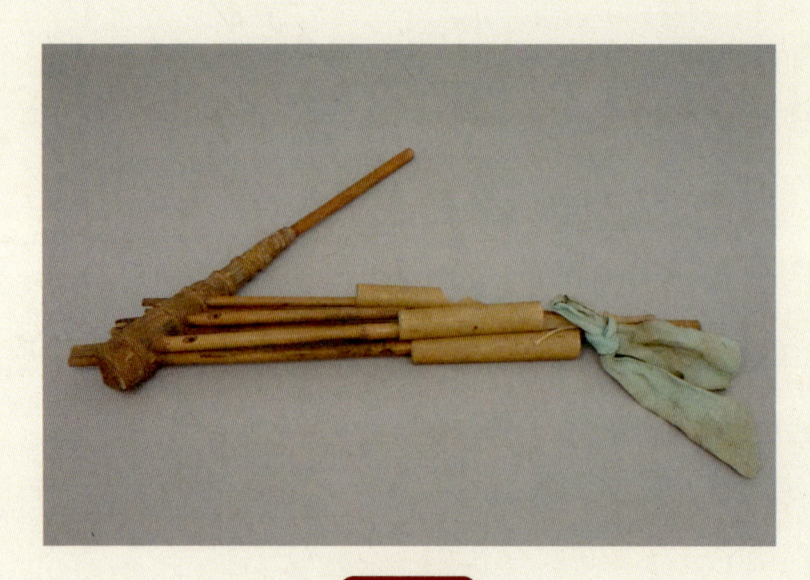

苗族芦笙

乐器，竹质。芦笙一般由6根竹质笙管、1个木质笙斗和1根竹质吹管组成。吹管插进笙斗吹口，吹管与笙斗呈相接状态。笙斗犹如平台般把竖立的笙管托举起来，而笙管下部的铜制簧片在受到气流震动后发出乐音。芦笙不仅是一种单纯的民族乐器，而且是苗族男女恋爱生活中的重要媒介。本品征集地点是融水苗族自治县。

苗族民居模型（一）

干栏式建筑模型，竹、木质，长40厘米，宽20厘米，高20厘米。苗族民居通常部分或全部架空，随地起建，以瓦、杉皮或茅草等盖顶。整体平面呈"一"字形，房屋框架采用榫卯结构，不用一钉一铁。主体建筑多为三层。一层通常用来圈养牲口或家禽；二层为全家活动中心，并向外侧伸出挑廊，中堂的前檐下装有背靠的栏杆，俗称"美人靠"；顶层用作仓储。本模型展示的苗族民居为六榀五间构架。

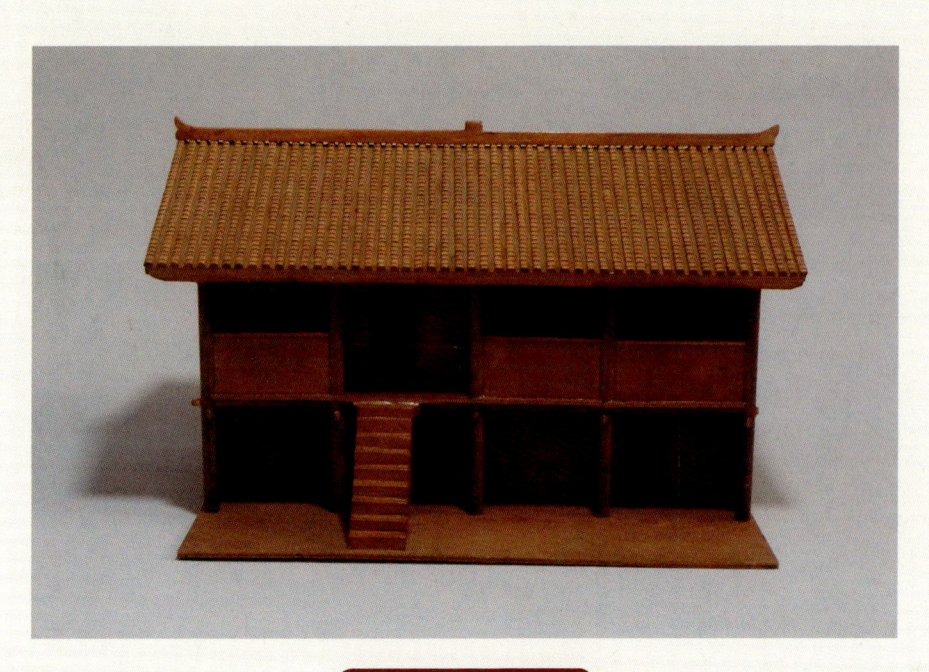

苗族民居模型（二）

干栏式建筑模型，竹、木质，长40厘米，宽20厘米，高20厘米。本模型展示的苗族民居为两层，底层外侧有撑柱架空，二楼正面有楼梯通向地面，方便上下楼。

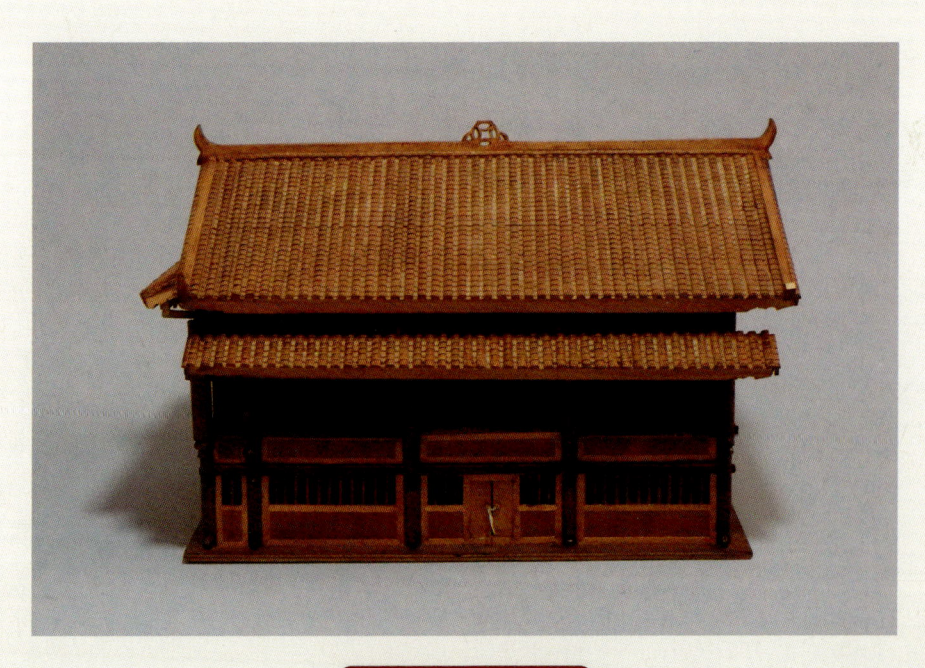

苗族民居模型（三）

干栏式建筑模型，竹、木质，长40厘米，宽20厘米，高20厘米。本模型展示的苗族民居有三层，歇山顶，重檐。

五、侗族精品

八角纹燕纹侗锦头巾

　　服饰，棉质。侗锦古称"纶织"，是侗族古老的传统手工艺品，侗锦用棉线染色再进行织造，质粗有文彩，有虫、鸟、鱼、兽、植物纹和几何纹等。过去，侗锦主要用于服装、被面、头巾、背包和绑腿等织物的镶边或整面。本品为白底黑线侗锦头巾，属于"素锦"，上面有八角纹和燕纹等，两边有白色流苏。本品征集地点是三江侗族自治县。

红底白线大蝶花侗锦头巾

　　服饰，棉质。侗锦除素锦外，还有彩锦，用彩线织成。此侗锦头巾主图为红底白线织造的连串大蝶花，两边为赭红色流苏。本品征集地点是三江侗族自治县。

"小鸟"侗族绣片

绣片，棉、丝质，长19厘米，宽18厘米。侗绣即侗族刺绣，多绣在衣服的襟边、袖口、背带、胸围以及头帕、鞋子上，图案多以花鸟、虫鱼为主，也有祥云、人物、几何图形等。本片为侗族绣片，主图为一只飞翔的小鸟，十分生动。本品征集地点是三江侗族自治县。

"喂鸡"侗族绣片

绣片，棉、丝质，长18厘米，宽18厘米。这幅绣片展示的是现代侗家女子喂鸡的场景。图中的公鸡体态雄健，栩栩如生，体现了侗族人家浓郁的生活气息。本品征集地点是三江侗族自治县。

侗绣肚兜

　　服饰，棉质，长70厘米，宽56厘米。肚兜是侗族传统服饰中护胸腹的贴身内衣，中间装饰有侗族刺绣，多以湖蓝色为底色。上面绣有喜鹊、谷穗、杨梅、荔枝等花鸟纹样，配以铜钱纹样，上有系带，穿着时套在颈间，腰部另有两条带子束在背后，下面呈倒三角形，遮过肚脐，达到小腹。本品以深棕色亮布为底，在胸部靠上位置绣有花鸟图案，下面绣有抽象的花朵和几何纹，征集地点是三江侗族自治县。

侗族手工女布鞋

　　布鞋，棉质，长23.5厘米。本品为侗族女性穿着的布鞋，千层底，黑布鞋帮，鞋口镶有绿条。本品于2018年由三江侗族自治县独峒乡潘正纯捐赠给本馆。

侗族烧蓝吊花铃银头插

首饰，银质，长26厘米，宽13厘米，重82克。侗族银饰除了祈福驱邪外，在很大程度上也是物质财富的体现。侗族有句话说："侗贵头，汉贵脚，苗贵腰"。侗族女子注重头发装饰。这支银头插形如汉族步摇，一端用12根银制扭丝装饰，如凤凰展翅，并用数朵红、黄、绿色的绒线花点缀；中间一圈采用烧蓝工艺，饰有宝葫芦等图案；另一端为尖头发簪，使用时插在发髻上。整个物件装饰繁缛，精致灵动。

侗族儿童银帽花

配饰，银质，银片长6厘米，宽5厘米，重26克。本品作为儿童帽上装饰物，银片上有荷花图案，下吊有5个银铃。

烧蓝花耳环

　　首饰，银质，直径5.5厘米，重16克，半圆弧形开口搭扣款式，表面采用烧蓝工艺，饰有花卉图案，做工考究，配色艳丽。

模压四方花耳坠

　　首饰，银质，直径2厘米，重14克，环形耳坠，下方坠一方块，方块上为模压印花。

银耳环

首饰，银质，一对两只，环形，单只直径2厘米，总重6克，素面无纹，款式简约。

白果花耳环

首饰，银质，一对两只，环形，单只直径4厘米，总重8克，素面无纹，开口一端呈S型，并饰有模压的小花朵。

棋盘花银耳环

首饰，银质，一对两只，环形，单只直径2厘米，总重6克，环上坠有棋盘花。

吊叶耳环

首饰，银质，一对两只，条形，单只长7厘米，总重5克，下方吊饰如一叶片，上面有蝴蝶纹。

烧蓝缠丝毛虫形耳环

首饰，银质，一对两只，单只直径5厘米，高1.5厘米，总重54克，中空，毛虫形，耳环表面使用烧蓝工艺，并缠有双股扭丝，厚重而华丽。

侗族四排银项圈

首饰，银质，环形，长44厘米，宽36厘米，重1434克。项圈是侗家姑娘必备的装饰品。此项圈共有四排，最内一排中间有略向外凸出的月牙片，富有民族特色，古朴而大气。

侗族项链

首饰，银质，长53厘米，重112克，环扣链条形，造型简约。

侗族坠银毫银链

配饰，银质，长53厘米，重38克。链条形，链身用三排圈扣将9枚六瓣形小花朵扣饰相连，链条两端坠有类似钱币造型的圆片，上刻有"民族团结"的字样。此链主要作为围兜的系带使用。

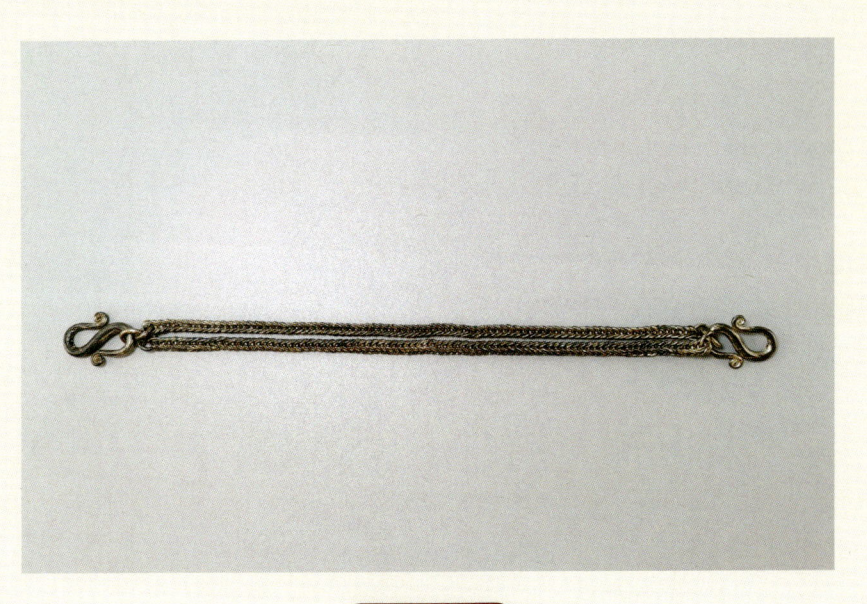

双鱼骨银链

  首饰，银质，长约27厘米，重71克。本品为环形鱼骨银链，对折成双股式样，两边有S形挂钩。侗族银饰以精细秀美为宗旨，以玲珑细腻为品质，注重体现女性之美。银链可用于女性服装大襟沿口、下摆及胸兜等方面的装饰，以其形状来分，有黄鳝链、鱼脊链、蜘蛛链、梅花链等。

银马鞍宝石戒指

  首饰，银质，长3厘米，宽2厘米，重23克。此戒指表面有乳钉和宝石装饰，采用模压、錾刻和爪镶工艺，造型别致。

光面推拉式银手镯

首饰,银质,环形,直径7厘米,重11克,素面无纹,推拉式结构,款式简洁。

开口式半元花手镯

首饰,银质,一对两只,环形,单只直径6厘米,总重74克。本品为开口式手镯,镯面外凸,且模压有花纹和"民族大团结"字样。

银肘套

首饰，银质，长17.8厘米，直径5厘米，重78克。银肘套是侗族女性银质护手筒，套在肘部，起到保护和装饰的作用。

侗族盘针

生活用具，银质，长12厘米，重10克。过去人们用针扎治病，如放血、针灸等。此物件粗的一端呈四棱柱形，有錾刻花纹，末端有孔，另一端为尖尖的针头。

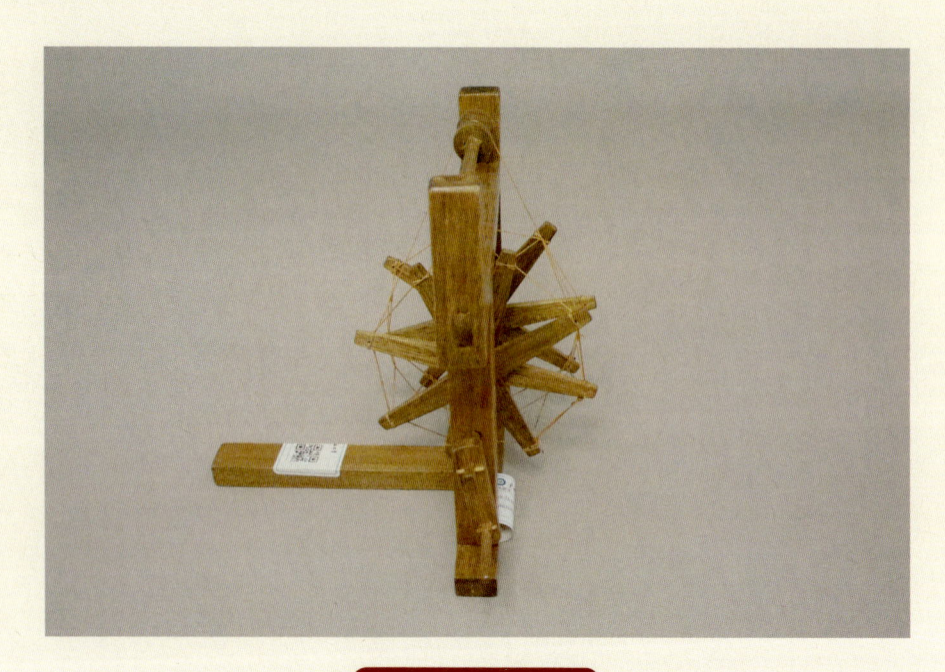

侗族纺车微缩模型

　　模型，木质，长20厘米，宽20厘米，高20厘米。本品由柳州市非物质文化遗产代表性项目侗族建筑模型制作技艺市级代表性传承人李前祝制作。

侗族织布机微缩模型

　　模型，木质，长48厘米，宽26厘米，高58厘米。本品由柳州市非物质文化遗产代表性项目侗族建筑模型制作技艺市级代表性传承人李前祝制作。

侗族鼓楼微缩模型

　　模型，木、竹质，长54厘米，高55厘米，宽60厘米。鼓楼被称为侗族三大宝之一，是侗寨的标志。鼓楼通体为防腐木木质结构，不用一钉一铆，结构严密坚固，可达数百年不腐不斜。在古代，侗族鼓楼还有作为开会场所、外敌入侵鸣鼓警示等作用，目前也是村寨的文化场所之一。本品于20世纪80年代初由本校吴永培老师与三江侗族自治县的木匠师傅们设计制作。

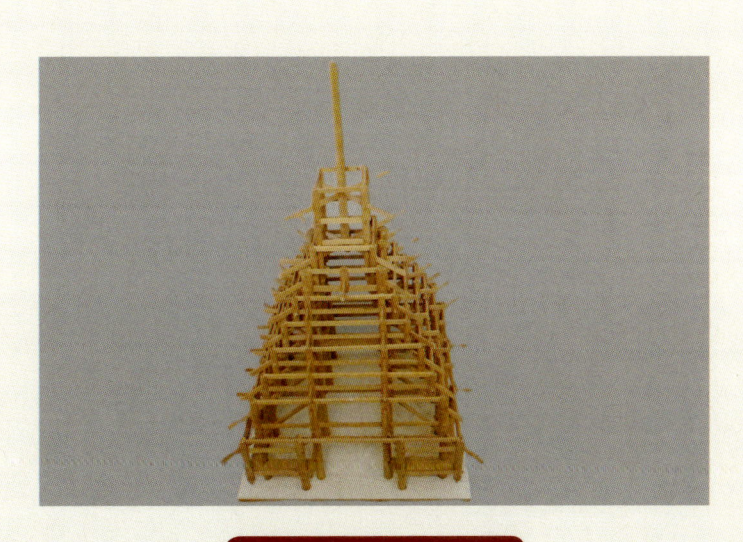

侗族鼓楼框架微缩模型

　　模型，木质，长34厘米，宽34厘米，高52厘米。本品采用榫卯技艺制作而成。榫卯是在两个构件上采用的一种凹凸部位相结合的连接方式。凸出的部分称为"榫"，凹进去的部分叫作"卯"，是中国古代建筑的主要结构形式，一榫一卯之间，一转一折之际，融合了我国传统力学、数学、美学和哲学的智慧。本品由自治区级非物质文化遗产代表性项目侗族木构建筑营造技艺区级代表性传承人杨玉吉制作。

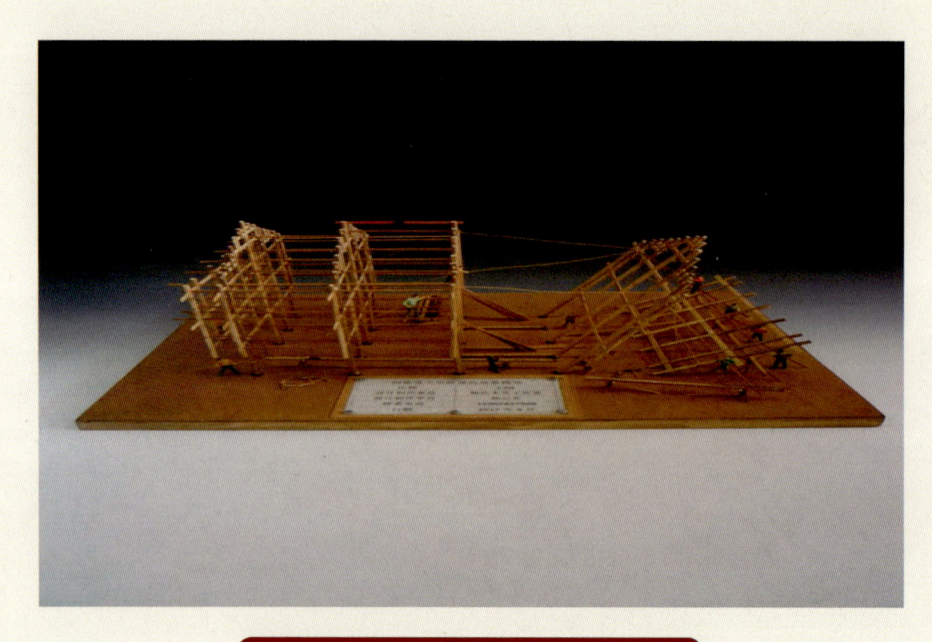

人工立侗族民居山墙场景的木构模型

　　模型，木质，长60厘米，宽40厘米，高27厘米。这是模拟人工立侗族民居山墙场景的木构模型，由三江侗族自治县侗族木构建筑营造技艺县级代表性传承人、中华高级木作师杨云东制作。

侗族民居模型

　　侗族民居模型，木质，长60厘米，高26厘米，侧宽55厘米。侗族民居建筑是干栏式楼房，楼下安置石碓，堆放柴草、杂物，饲养牲畜；楼上住人。

六、仫佬族精品

仫佬族女服

  服饰，棉质。仫佬族崇尚青色，自种棉花和蓝靛，自织土布，自染，自缝，服饰纯手工制作。这套仫佬族女服以蓝靛染的土布为料，运用扎染技艺，在上衣领口、肩部、袖口、正面和裤脚均有扎染图案，服饰风格简约朴素。本品征集地点是罗城仫佬族自治县，由自治区级非物质文化遗产项目仫佬族土布染制技艺区级代表性传承人梁金燕制作。

仫佬族男服

  服饰，棉质。过去仫佬族的衣服，无论男女，均为深青色。近代都已改良，与当地汉、壮族的衣服无较大差别。一般男子穿对襟上衣，长裤，年老者穿琵琶襟上衣，常穿草鞋。这套男服为纯手工制作，自织土布、自染、自缝。服装采用全棉面料，用蓝靛染深，白及挂浆，再经米汤和牛皮胶糊面，晾晒整平打磨，使之呈现黑色。上衣为对襟款式，袖口与裤脚都有简约的"鱼形"刺绣，简朴大方。本品于2018年被本馆收藏，征集地点是罗城仫佬族自治县。

现代仫佬族女盛装

　　服饰，现代，棉质。随着时代发展，仫佬族女服也在不断改良创新。这款女服主要采用大红色布料，上身为对襟的短衣，袖口肥阔，下身为筒裙以及长及过膝的围裙。领口、袖口、腰部以及近裙脚处等都有刺绣。帽子的款式是插一横杆的麦秆帽，两侧有流苏装饰。整体充满喜庆色彩。本品于2018年被本馆收藏，征集地点是罗城仫佬族自治县。

华风桂韵——广西民族大学民族博物馆藏品撷珍概览

现代仫佬族男盛装

　　服饰，现代，棉质。这套男服为现代盛装，颜色鲜艳，上身为白色对襟上衣，领口、袖口和对襟都有机绣，外面罩的是对襟系扣马甲；下身为阔脚裤，膝盖下方有刺绣；头上为改良后的帽子。本品于2018年被本馆收藏，征集地点是罗城仫佬族自治县。

仫佬族刺绣围裙和斗笠

　　服饰，围裙为棉质，配有箬叶斗笠。围裙以蓝靛染成的蓝色棉布为底，胸口贴有红色布块，并绣花草图案。围裙的上缘用黑色窄布条镶边，延伸到两侧做系带。斗笠为竹质，是过去仫佬族人劳动时常戴的。

仫佬族煤砂壶

生活用具，陶质，口径16厘米，腹径20厘米，底径9厘米，高20厘米，侈口，有盖，壶口两侧有耳，单侧有壶嘴，圆鼓腹，无圈足，主要用于烧水、熬药。煤砂罐是仫佬族的一种传统生活器具，以煤矸石、白泥制作而成，然后放到煤窑里烧上三天三夜，再和入松树枝烧釉，最后成品光彩夺目，乌黑发亮。本品由陈晓洁老师从罗城仫佬族自治县四把镇征集。

仫佬族煤砂罐

生活用具，陶质，口径18厘米，底径8厘米，高16.8厘米。本品呈圆筒状，口大，底小，双侧有耳。主要用于煮饭或煮粥。2012年，仫佬族煤砂罐制作技艺被列入广西壮族自治区级非物质文化遗产代表性项目名录。本品由陈晓洁老师从罗城仫佬族自治县四把镇征集。

仫佬族小石磨磨扇

农具，石质，直径30厘米，高8厘米。石磨是仫佬族传统农具，可以把米、麦、豆或调味料加工成粉状或浆状。磨扇呈圆柱体，为等大的上下两层，两层的接合处都有纹理。使用时，将磨块叠放，置于磨盘中，食物从上方的孔进入两层中间，沿着纹理向外运移，在滚动过两层面时被磨碎，形成粉末。本品于2020年由吴国富老师从罗城仫佬族自治县征集。

仫佬族采松脂刀

农具，铁、木质，长15厘米，宽9厘米。采松脂刀是仫佬族用于采集松脂的工具。本品为木柄铁头，刀头主体如一个尖锐的三角刮，尖端有钩，用于铲树皮；侧面是一个约4厘米长的锋利刀刃，用于割开树皮。本品于2020年由吴国富老师从罗城仫佬族自治县征集。

仫佬族竹筐

农具，竹质，一对两只，仫佬族生产工具，圆筒状，单只竹筐，口径40厘米，高25厘米，用于储运物品。

仫佬族鸭笼

农具，竹质，长50厘米，宽30厘米，高30厘米。竹篾编织，上面有提手，主要用于家禽的储运。

仫佬族竹旦

　　农具，竹质，长40厘米，宽30厘米，高20厘米。竹篾编织，两侧有提手，主要用于储运。

仫佬族小箩筐

　　农具，竹质，一组两只，单只口径16厘米，高17厘米。箩筐采用竹篾编织，两边有提绳，用于储运，使用时用扁担挑起。本品于2020年由吴国富老师从罗城仫佬族自治县征集。

七、毛南族精品

毛南族女服

　　服饰，棉质。这套服饰采用蓝靛染成的棉布为材料制成，上衣领口、肩部、右衽、衣襟下沿和裤脚边均镶有三道红色窄布条，这是过去毛南族女服的主要特征之一，整体颜色素雅，款型简洁，配上花竹帽，衬托出毛南族女性的清新秀丽。本品征集地点是环江毛南族自治县，制作者为谭东浪。

毛南族花竹帽

服饰，竹质，一组五只。毛南族称花竹帽为"顶卡花"，即在帽底编织花纹的意思。传统花竹帽是用当地盛产的金竹和墨竹篾子编织成形似斗笠的帽子。本品为传统款式，四小一大，规格不同，一般在帽子四周饰有棉质流苏，工艺精致，可用于遮阳防雨。毛南族花竹帽也被视为爱情的信物。本品征集地点是环江毛南族自治县。

现代毛南族花竹帽

服饰，竹质，直径21厘米。传统花竹帽是用当地盛产的金竹和墨竹篾子编织而成，工艺精致，花纹美观，毛南族视花竹帽为爱情的信物。这顶花竹帽是近几年比较流行的款式，相比传统款式直径要小，四周装饰有一圈银毫流苏，装饰作用大于穿戴功能。本品征集地点是环江毛南族自治县，由国家级非物质文化遗产代表性项目毛南族花竹帽编织技艺国家级代表性传承人谭素娟制作。

毛南族竹篮筐

生活用具，竹质，直径22厘米，高7厘米。毛南人心灵手巧，喜爱用竹篾编织生产生活用具。此篮筐采用宽2至3毫米的竹篾编成，边缘是依次相连的镂空造型。本品征集地点是环江毛南族自治县。

毛南族傩面具

法器，木质，单只长约35厘米，宽约22厘米。傩面具又称"肥套"，是毛南族傩活动中不可缺少的道具，采用当地产的恩木雕琢，然后使用天然染料手绘而成。全套傩面具共36个，按诸神性格雕刻出来，分善神、文神、凶神三大类。本品是本馆收藏的五面傩面具，从环江毛南族自治县征集。

八、回族精品

回族礼拜帽

服饰，棉质，一组四顶，单顶头围26厘米，半圆形。回族的民间传统男帽，流行于中国各回族聚居区。这是一种无沿小圆帽，以白、黑色为主，也有深蓝、绿色等颜色，主要在春夏季戴用。本品由王丽萍征集。

回族白色包头巾

服饰，纱质，长40厘米，宽29厘米。回族妇女的传统衣着打扮一般会头戴包头巾，亦称为盖头，用以盖住头发、耳朵、脖颈，其作用是保护身体、装饰，以及体现宗教信仰。这款白头巾为白色，已婚妇女穿戴。本品由王丽萍征集。

回族黑色包头巾

服饰，纱质，长40厘米，宽26厘米，黑色。回族老年妇女一般戴深色包头巾。本品由王丽萍征集。

回族汤瓶

生活用具，木质，直径13厘米，高30厘米。本品用木头制作，呈圆筒状，带把手。回族的汤瓶为沐浴净身的专门用具。本品由周建新教授从桂林市临桂区会仙镇旧村征集。

九、京族精品

京族奥黛

　　服饰，棉质。这套服饰以粉色棉布为料，上衣为立领长袖款式，衣袖很窄，两侧开衩至腰部，袖口和腰身均有机绣；下身为白色喇叭筒形的长裤；搭配同色系圆帽，饰有机绣的花卉图案。粉色的奥黛是京族年轻女子最喜爱的款式之一。本品征集地点是东兴市江平镇，由自治区级非物质文化遗产代表性项目京族服饰制作技艺区级代表性传承人樊文英制作。

现代京族男服

　　服饰，现代，化纤质。过去，京族男子一般都穿及膝长衣，坦胸束腰，衣袖较窄。这套京族男服为现代款式，经过改良，采用白色化纤布料，轻薄凉爽。上衣是对襟立领的长袖式样，襟口有机绣；下身为直筒裤，配上饰有机绣的圆帽，简约大气。本品征集地点是东兴市江平镇，由自治区级非物质文化遗产代表性项目京族服饰制作技艺区级代表性传承人樊文英制作。

京族斗笠

服饰，草质，直径41厘米。这是京族传统的草帽。本品用干草叶编织，用于防风、防晒及遮雨，轻便且透气，非常适合低纬多雨气候地区。本品征集地点是东兴市江平镇沥尾村。

京族翁村帽

服饰，棉质，环形，黑色，直径20厘米，高10厘米。"翁"在京族语中是村长的意思，这项是当地村长戴过的帽子。本品征集地点是东兴市江平镇沥尾村。

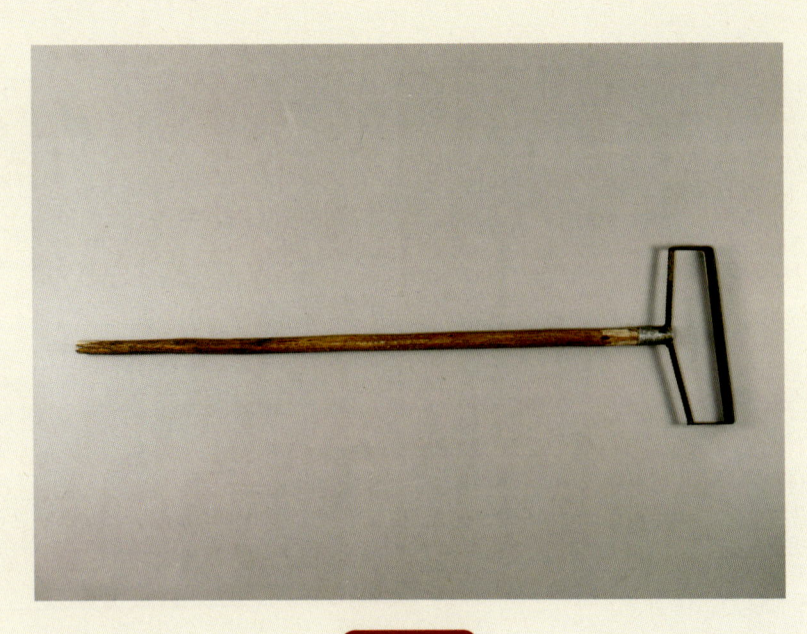

京族螺耙

　　渔具，木、铁质，耙头长35厘米，宽11厘米，耙头后连接木柄，长为140厘米。螺耙为京族传统海洋渔业生产工具，前端是近似长方形的带有螺纹的铁框，用于耙螺，流行于京族三岛。本品征集地点是东兴市江平镇。

京族鱼梆

　　讯号工具，竹质，直径12厘米，长76厘米。鱼梆是京岛渔民的一种特殊的捕捞讯号工具，它是用一段坚硬的竹管精工细刻而成，空心，似鱼形，使用时需要敲梆。最早使用它是为了集中村民一起捕捞，现在逐渐成为一种象征吉利及灵圣的工具。保存最古老的鱼梆至今已有200多年的历史。

京族独弦琴（竹琴）

乐器，竹质，长120厘米，高102厘米，宽47厘米。传统的独弦琴为竹筒制作，并与竹质支架相连，后来竹质琴身改为桐木，竹手柄以牛角代之，弹性增强，音质更为悦耳。本品为竹质独弦琴，于2016年被本馆收藏，由国家级非物质文化遗产代表性项目京族独弦琴艺术国家级代表性传承人苏春发制作。

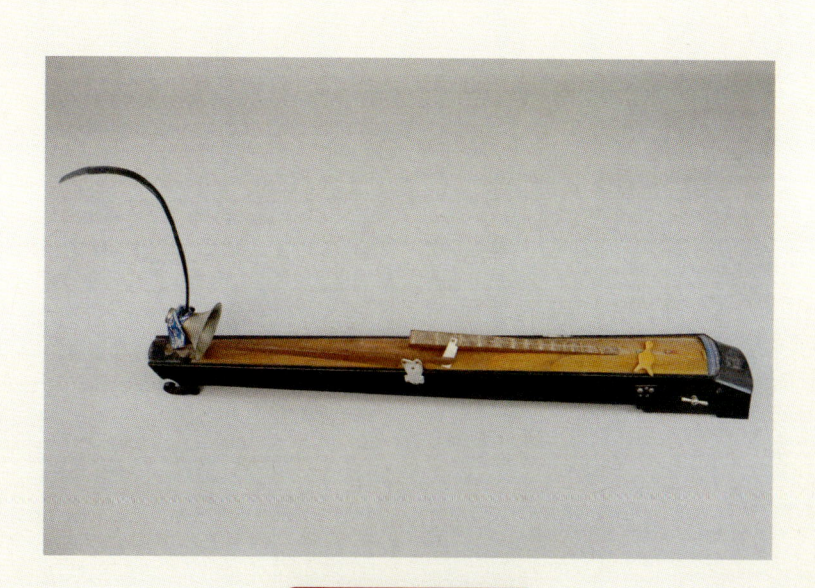

京族独弦琴（木琴）

乐器，木质，长110厘米，宽10厘米，高5厘米。京族独弦琴也叫"独弦匏琴"，流行于中国广西防城地区以及越南等地，是中国少数民族京族文化标志之一。这是现代改良后的独弦琴。2011年，"京族独弦琴艺术"被列入第三批国家级非物质文化遗产代表性项目名录。

京族螺号

乐器,贝壳质,长27厘米,宽15厘米。这是用大的海螺壳(管角螺)经晒干、加工做成的号角,其声音响亮悦耳。20世纪80年代之前,海螺曾长期作为渔民出海作业、民兵集合训练的号令物,也是京族祈求平安的吉祥物。本品征集地点是东兴市沥尾村。

三洞印

法器,木质,长10厘米,宽10厘米,高9厘米。京族做法事时所用的印章。本品征集地点是烛东兴市沥尾村。

十、彝族精品

彝族五笙

乐器，竹质，长110厘米，宽10厘米。彝族五笙也被称为"葫芦笙"，彝语称"央"，音调优美。此笙笙体由五根竹管及两头各一葫芦组成，其中一头葫芦带有孔长柄，伴吹奏口；另一头葫芦开若干洞作为鸣器，由五根竹管上若干小孔定音。本品征集地点是百色市那坡县。

彝族首饰模

模具，石质，一组四个。单个长约7厘米，宽约5厘米。此组模具可用于模压彝族银饰。本品征集地点是百色市那坡县。

红彝腰篓

　　农具，竹质，口径20厘米，高20厘米。这个腰篓是用细竹篾编织的圆筒状农具，表面饰有花纹，十分精致，用于盛放生活用品、生产工具或装蔬果等。本品征集地点是百色市那坡县百省乡面良村。

彝族油灯

　　生活用具，铁质，高45厘米，宽11厘米。这是以用油为介质的灯具，即通过燃烧动物油脂或植物油实现照明。本品征集地点是百色市那坡县城厢镇达腊屯。

十一、水族精品

水族花卉纹右衽女上衣

服饰，棉质。水族花卉纹右衽女上衣采用蓝靛染的棉布剪裁，右衽大襟中长衫款式，收腰收袖，比较贴身。领口、肩部一圈、袖口、右衽以及衣襟边缘均采用马尾绣针法绣制，图案以花卉为主，画面有立体感，栩栩如生。本品征集地点是贵州省三都水族自治县。

水族立领右衽女上衣

服饰，棉质。水族立领右衽女上衣。本品用白棉布剪裁，领口、袖口与上衣底边用黑色宽布条装饰，肩部一圈、袖口、右衽以及衣襟等处均有刺绣。本品征集地点是贵州省荔波县佳荣镇。

水族中老年女性右衽上衣

服饰,混纺。这件上衣底色为深墨绿色,圆领,正面印有许多小碎花,领口、袖口、右衽和衣襟等处镶有黄色窄条,为水族中老年妇女服装款式。整体体现出端庄与厚重。

水族新娘绣花鞋

服饰,现代,棉质,长23.5厘米。本品手工制作,勾尖式样,鞋头上翘,鞋面绣有鲜艳且喜庆的花卉图案和勾云纹,为水族新娘举办婚礼时穿着。

水族马尾绣背扇

服饰，棉、毛质，现代，长100厘米，宽55厘米。整体呈"T"字形，分上下两部分，上宽下窄，通体刺绣，纹样精美。上半部分以红缎为底，正中绣有一只大蝴蝶图案；下半部分以深色缎面为底，中间绣有一个狮子头图案。在绣面空隙处钉饰少量亮片做点缀，背带四周镶黄色棉布边，背面以靛染蓝布为衬布。本品征集地点是贵州省三都水族自治县。

十二、仡佬族精品

现代仡佬族女服

  服饰，现代，棉质。仡佬族服装用自织自染的布料，各时代和各年龄段款式不同，通常女服特点是上身为右衽的短衣，下身为后面开襟到脚跟的筒裙。裙子上吊有数条黄色丝绒流苏。男女均用黑头巾或金丝帕包头。这套衣服主要采用黑色棉质面料制成，上衣为右衽款式，衣襟、袖口以及裙脚都有花卉机绣。筒裙中部用流苏点缀。如今，包头的头巾被改良成方便穿戴的圆帽。本品征集地点是隆林各族自治县。

现代仡佬族男服

　　服饰，现代，棉质。这套衣服为现代仡佬族男装，上衣为白色对襟款式，有9颗布制纽扣，袖子与衣等长，布质较厚；外套是一件棉质绣花黑马甲；裤子为黑色大裤筒，裤脚较宽。本品征集地点是隆林各族自治县。

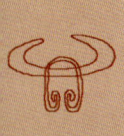

仡佬族手镰

农具，铁、木质，直径11厘米。这是一种半圆形手镰，广西少数民族富有特色的收割工具，用于收高粱以及收割谷子时掐穗。本品征集地点是隆林各族自治县长发乡。

仡佬族木杵槌

农具，木质，长72厘米，直径约5厘米，呈"7"字形。木杵槌是打糍粑时所用的工具。本品征集地点是隆林各族自治县德峨镇。

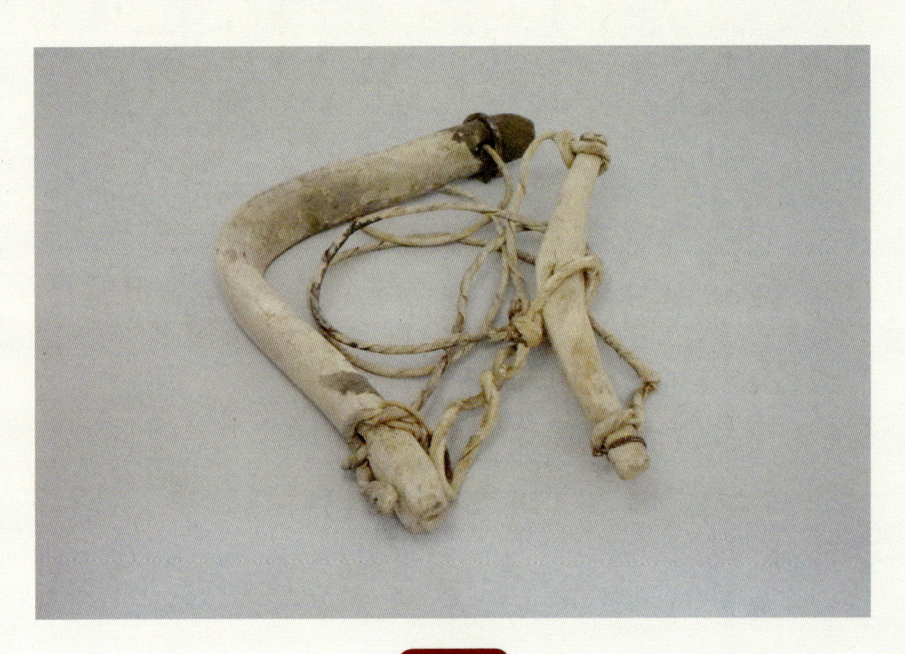

牛加单

农具，木质，长50厘米，宽30厘米。牛加单，又称牛轭，是套在牲畜脖子上的颈箍，以防走脱，其状如"人"字形，一般由半米长木制成。牛加单与牛、犁铧配套使用。本品征集地点是隆林各族自治县德峨镇。

三齿耙

农具，铁、木质，全长78厘米，齿耙长20厘米，宽8厘米。铁头木柄，耙头原有三齿，中间一齿缺损。三齿耙是中国传统耕作用具，一耙多用，可用于松土、翻地、平地碎土、匀肥等。本品征集地点是隆林各族自治县德峨镇。

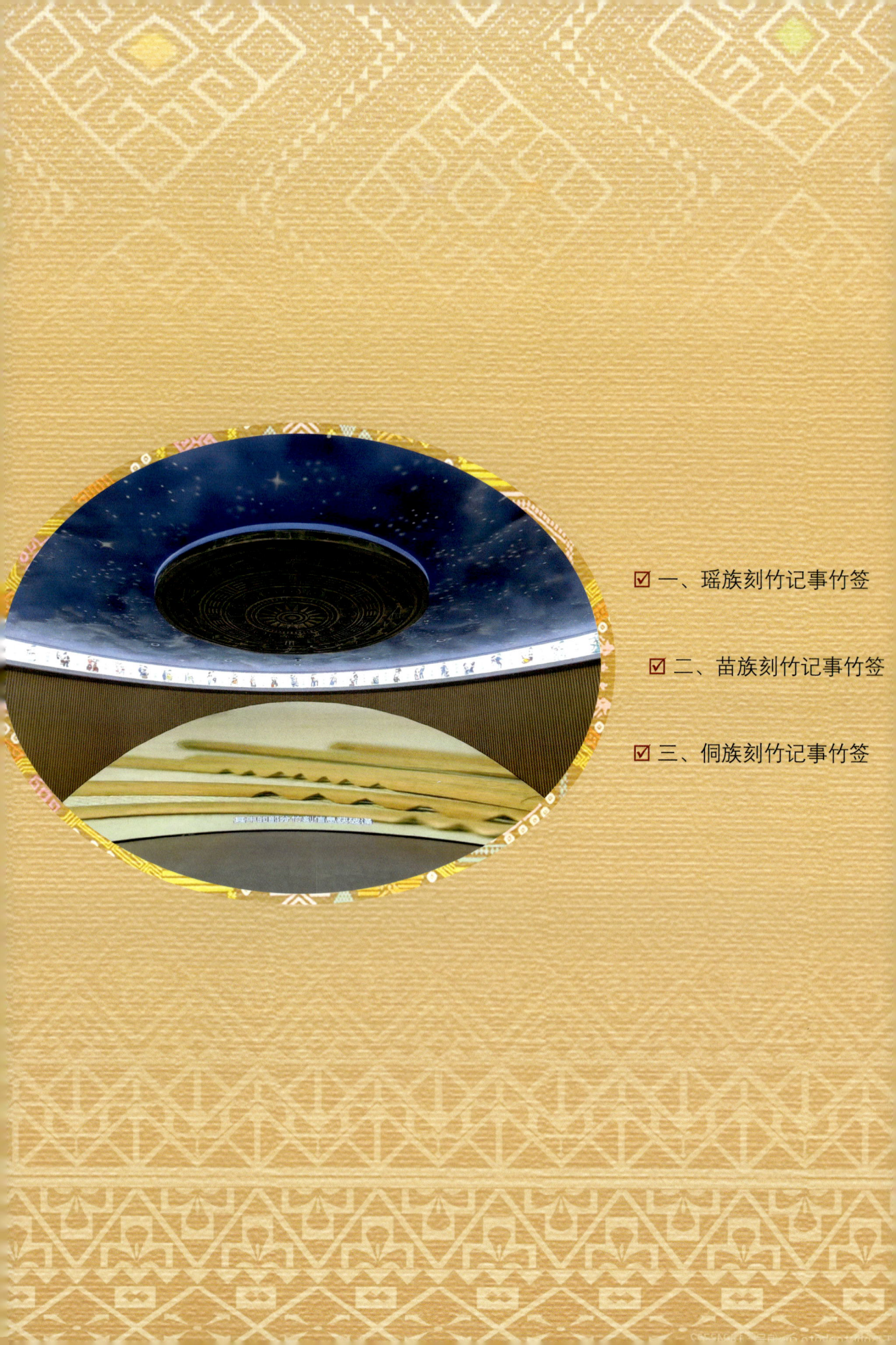

☑ 一、瑶族刻竹记事竹签

☑ 二、苗族刻竹记事竹签

☑ 三、侗族刻竹记事竹签

第三篇
刻竹记事竹签

过去，没有自己的文字的民族，为了记录生产生活中的事件，采用结绳、扎标或者刻竹（刻木）等方式记事，其中，刻竹记事的方式是在竹片上刻下特定的符号标记。这些刻竹（木）主要以一些规律性的符号记载重大事件或记录年月、数字等。历史上像瑶、苗、侗以及佤族等民族都有刻竹或者刻木记事的传统。自20世纪50年代以来，本馆征集了瑶、苗、侗三个民族用于刻竹记事的竹签。其中，部分竹签来自桂北地区。2000年初，原学校民族学与社会学学院院长周建新教授、吴永培副教授等了解到三江侗族自治县一村民家中还存有刻竹记事用的竹签，遂前往征集，经过多次不辞辛苦的上门拜访，最后，对方被老师们的诚意所打动，慷慨地将珍藏的刻竹记事的竹签捐献给学校民族博物馆。

一、瑶族刻竹记事竹签

瑶族刻竹记事竹签组1

这组竹签共3根，竹签编号从上到下依次排列。主要内容如下：

编号1的竹签长39厘米，宽1.5厘米，为少童女性用签（8—10岁），此签表示女童每天出工两节，共出工18天。

编号2的竹签长42厘米，宽1.7厘米，为女性用签（11—17岁），此签表示有5个同等年龄的女孩参加劳动，出工16天。

编号3的竹签长30厘米，宽2.2厘米，为成年妇女用竹签（18岁以上），此签表示持签者是工种的负责人，是成年妇女，她负责两项工作，总共出工36天。

瑶族刻竹记事竹签组2

这组竹签有7根，竹签编号从上到下依次排列。主要内容如下：

编号1的竹签长30厘米，宽1.7厘米。此签表示持签者在八月份为本村解决两个问题，带一个同伴离开本村两天。除此以外，他还出工17天，后来因病休息，最后3天带病劳动。

编号2的竹签长40.6厘米，宽1.4厘米。此签表示持签者在七月份出工28天，其中有9天不在本组劳动。

编号3的竹签长42.5厘米，宽1.8厘米，此签表示持签者在五月份劳动21天，其中有6天带病劳动。

编号4的竹签长37.5厘米，宽1.4厘米。此签表示持签者闰四月在本村帮人做3天工，外出1天，当月出工25天。

编号5的竹签长32厘米，宽1.6厘米。此签表示持签者四月带5个人去修路或挖洞，完成了工作任务，他本人出工28天。

编号6的竹签长21.5厘米，宽1.7厘米。持签者在三月份是工种的负责人，此签表示有两个人与他合作提前一天完成任务，他本人出工18天。

编号7的竹签长42.2厘米，宽1.6厘米。持签者是工种的负责人，此签表示他带领7名劳动力去完成了工作任务，他出工27天。

二、苗族刻竹记事竹签

苗族刻竹记事竹签组（工分记录签）

这组竹签由我校退休教师吴永培收集，一共3根，记录的是男女出工天数。竹签编号从上到下依次排列，主要内容如下：

编号1的竹签长26.6厘米，宽1.5厘米，为女性用签，此签表示2人出工2天，每天出工两节。

编号2的竹签长25.5厘米，宽1.5厘米，为女性用签，此签表示2人2天不出工。

编号3的竹签长26.3厘米，宽1.7厘米，为男性用签，此签表示2个人每天出工两节。

三、侗族刻竹记事竹签

侗族刻竹记事长竹签（侗族歌师吴世辉生平记事）

这是本馆收藏的最长的一根侗族刻竹记事长竹签，长42厘米，宽2.2厘米。这根竹签原是侗族歌师吴世辉本人刻记，最后两格是他的第二个儿子吴廷炳刻记。这根竹签记述了吴世辉的生平。经吴廷炳同意，广西民族大学吴永培副教授用汉字将竹签符号译成文字展出。解读内容如下：

吴世辉，男，生于光绪二十年（1894）。由于家庭困难，九岁就帮别人养牛。二十五岁找到对象结婚，婚后妻子两年不落夫家。二十八岁那年妻子生下第一个男孩，三十岁那年妻子生第二个男孩，当年其父病故。四年后妻子又生一女孩。女孩刚五岁，妻子因积劳成疾病故。十五年后（1949）吴世辉不再给别人打长工。1950年翻身得解放。1951—1958年参加农民协会，参加互助组，初级、高级社，生产、生活有保障。1959—1961年，三年困难时期，加之有病在身，生活过得很艰难。1962—1963年，国家允许分田到户，自己耕种，生活又有了保障。因长年为人打长工，积劳成疾，1963年病故，终年69岁。

侗族刻竹记事竹签组1（女性工分记录签）

这组竹签共3根，为女性记工分使用。竹签编号从上到下依次排列，主要内容如下：

编号1的竹签长19.6厘米，宽1厘米，此签表示这个妇女在这个月和男社员一起劳动，一共劳动30天，这个妇女有两天负责送饭。

编号2的竹签长23.5厘米，宽1厘米，此签表示这个妇女于二月份参加集体劳动10天，她第11天刚到工地，因家里有事，便离开工地，她在二月份有6天没有参加集体劳动。

编号3的竹签长21厘米，宽1厘米，此签表示她在三月份一共参加集体劳动30天，其中有10天是和男劳动力一起劳动。

侗族刻竹记事竹签组2（男性工分记录签）

这组竹签共3根，为男性记工分使用，持签者为生产队队长。竹签编号从上到下依次排列，主要内容如下：

编号1竹签长19厘米，宽1厘米，此签表示持签者在这个月有4天得最高工分（12分），其余每天与其他男劳动力得分一样。他在这个月有3次离开本队去参加会议。

编号2竹签长22.6厘米，宽1厘米，此签表示持签者在这个月有12天得最高工分。他在二月份还参加了3次会议。

编号3竹签长30厘米，宽1厘米，此签表示持签者是生产队的负责人。他在这个月参加了1次大型会议，并带领7个男劳动力在山上加班（睡工棚）。

- ☑ 一、木器
- ☑ 二、竹器
- ☑ 三、藤器
- ☑ 四、纺织品
- ☑ 五、陶器
- ☑ 六、银器

第四篇
东南亚民族精品

一、木器

越南瑶族独木折叠枕

生活用具，现代，木质，长25厘米，高13厘米。此枕由整块木头雕制而成，可折叠放平，经久耐用。中国的瑶、畲、蒙古等民族也有使用木枕的习惯。本品于2001年4月由王柏中教授从越南保胜县盘文林家征集。

越南瑶族木牛铃

生产用具，现代，木质，长19厘米，宽10厘米。此品不同于金属牛铃，木牛铃的铃身和击锤均以木头为材料，其中击锤是由3根约15厘米的长木条制成。本品于2008年12月由王柏中教授从越南沙巴县大坪乡征集。

二、竹器

越南竹编斗笠

服饰，现代，竹质，直径43厘米，高19厘米。尖顶，用竹篾编织，中间夹细纸。越南斗笠是当地劳动人民日常服饰之一，造型简约轻巧，能够遮风挡雨。在越南制作斗笠的专业村很多，以钟村历史最悠久和出名。本品于2019年由滕兰花教授从越南征购。

三、藤器

老挝藤球

体育用品，现代，藤质，直径12厘米。藤球是用天然藤条编成的空心圆球。藤球作为一种体育运动在东南亚比较流行，融合了排球、足球、羽毛球等特点，是一项需要很高技巧且具有观赏性的运动。本品由滕兰花教授从老挝征购。

四、纺织品

越南赫蒙族绣球

传统工艺品，现代，棉质，一组两个，单个直径8厘米。绣球是用布缝制的球形手工艺品。抛绣球、甩陀螺、打鸡毛球是赫蒙族在传统节日里比较流行的民间游戏，因此绣球也算是一种体育用具。赫蒙族是越南的少数民族，在16世纪末、17世纪初由中国南迁入越南，在中国称苗族，越南叫作赫蒙族。本品由滕兰花教授从越南河内妇女博物馆征购。

越南会安灯笼

生活用具，现代，棉、竹质，一对两只，长53厘米，宽10厘米。本品为布艺灯笼，外围包裹红底碎花棉布，骨架为竹制，底部坠有流苏。使用时用力将内部骨架撑开。灯笼是越南会安的一张城市名片，已有400多年的历史，每月十五号是会安老城的灯会。本品于2019年由滕兰花教授从越南征购。

五、陶器

越南陶制女乐俑

传统工艺品，现代，陶质，长13厘米，宽9厘米，高29厘米。这是采用陶瓷工艺制作的弹奏乐器塑像摆件。本品于2019年由滕兰花教授从越南征购。

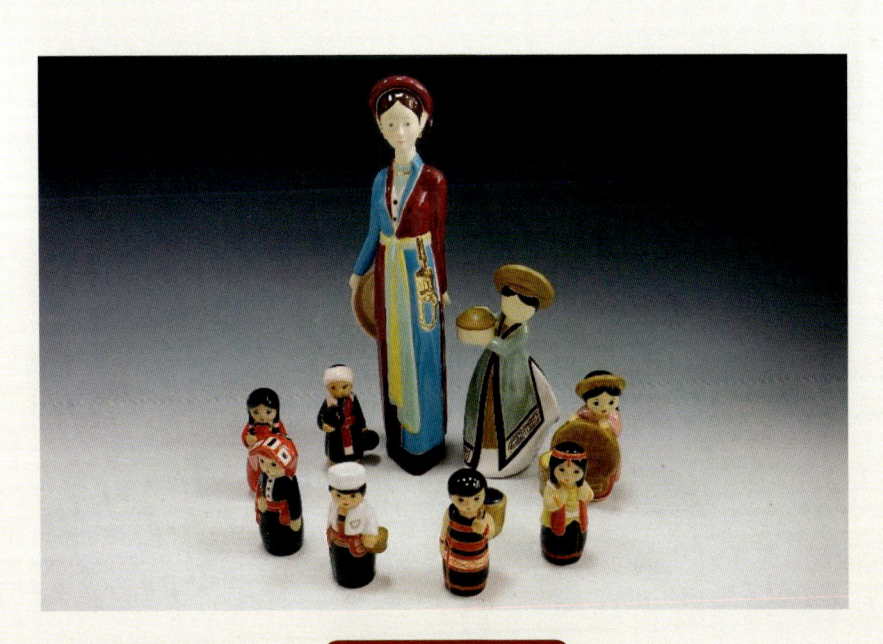

越南少数民族陶俑

传统工艺品，现代，陶质。这组是越南民族人物形象的陶俑，造型生动，颜色鲜艳。本品于2019年由滕兰花教授从越南征购。

六、银器

吴哥窟银盘

　　传统工艺品，现代，银质，银盘整体呈椭圆状，长25厘米，宽16厘米。银盘有花边，盘内印有柬埔寨吴哥窟风情图像。本品为柬埔寨金边皇家大学赠。

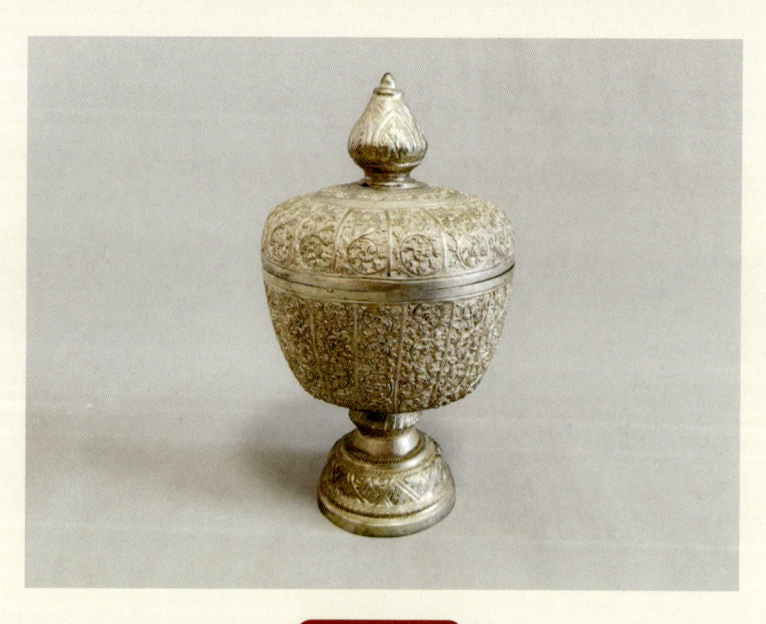

缠枝纹银罐

　　传统工艺品，现代，银质，腹径15厘米，高27厘米。银罐为圆底，高足，胸腹部圆鼓，有盖，表面主要饰有缠枝纹。本品于2010年由广西东盟旅游人才培训基地第六期柬埔寨培训班全体学员捐赠。

后 记

　　广西民族大学民族博物馆位于南宁市美丽的相思湖畔，筹建于2002年，是在学校原有民族文物陈列室基础上建立的，为广西高校中第一所民族博物馆。馆区建筑面积约1500平方米，藏品库区面积为500平方米，展厅陈列面积700平方米，馆藏文物近1000件，种类繁多，时间跨度长，极具地方民族特色。展厅精心建置了广西历史文物、广西12个世居民族、刻竹记事、东南亚民族文化等四个展区，展品主要有广西12个世居民族的历史文物和近现代生活、生产用具，以及文化艺术品等。

　　中华优秀传统文化是中华文明的智慧结晶，是中华民族的根和魂。广西民族大学民族博物馆始终坚持传承和创新民族文化，以文化人、以文育人，把博物馆打造成学校的特色育人窗口和沟通桥梁。全馆充分利用民族地域和高校民族学学科优势，将收藏保管、教学实践、科学研究以及宣传教育功能有机结合起来。常年举办各种基本陈列、专题陈列、民族文化科普、学术讲座、文艺表演、中小学生研学实践教育等活动，形成多重交织的博物馆文化功能服务体系，多角度、多层面地向观众揭示文物的丰富内涵，全方位展现广西璀璨的民族历史文化。2016年本馆开辟了走廊空间，增挂广西非物质文化遗产系列照片；2017年增设走廊图文宣传板，既丰富了展馆外走廊布展空间，又能在闭馆期间为师生提供持续了解广西历史和欣赏民族文化之美的机会。

　　近年来，本馆各项工作有条不紊，成绩斐然，先后获得"全国民族团结进步教育基地""广西社会科学普及基地""广西科学教育基地""南宁市首批中小学生研学实践教育基地""2021年广西十佳社会科普教育基地""广西第四批中小学生研学实践教育基地"等荣誉称号。